Sozialdemokratie, Religion und Kirche

Ein Beitrag zur Erläuterung des Linzer Programms

~

OTTO BAUER

Otto Bauer · Ausgewählte Schriften · Band 6

HERAUSGEGEBEN VON THOMAS GIMESI

© THOMAS GIMESI · 2017

ISBN 978-3-9504454-5-9 · PAPERBACK

Bibliografische Informationen dieser Publikation verzeichnet die
Österreichische Nationalbibliothek unter www.onb.ac.at

Informationen zum Projekt und zu weiteren Publikationen
finden Sie unter www.ottobauer.works

ZUGRUNDELIEGENDES ORIGINAL: Bauer, Otto. *Sozialdemokratie, Religion und Kirche.*
Verlag der Wiener Volksbuchhandlung, Wien 1927.
UMSCHLAGGESTALTUNG & SATZ: Thomas Gimesi
UMSCHLAGGRAFIK: iStockphoto.com

Inhaltsverzeichnis

Vorwort des Herausgebers

～

NACH EINEM JAHRZEHNT der Illegalität, der politischen Verfolgung und des Krieges trafen am 14. April 1945 im Roten Salon des Wiener Rathauses die Vertreter der Sozialdemokraten und der Revolutionären Sozialisten zusammen, um die Sozialistische Partei Österreichs (SPÖ) zu gründen. Das Parteiprogramm des Jahres 1926 wurde wieder in Kraft gesetzt und der Klassenkampf erneut beschworen: Enteignungen der „Kapitalistenklasse" waren genauso vorgesehen wie die Verstaatlichung der Produktionsmittel, und eine Koalition mit den bürgerlichen Parteien sollte nur von vorübergehender Natur sein.

Doch im Laufe der folgenden Jahrzehnte änderten sich, von weltpolitischen Ereignissen und nicht zuletzt von der de facto in Stein gemeißelten Koalition mit dem bürgerlich-konservativen Lager beeinflusst, die Rhetorik sowie die Prioritäten der Sozialdemokratie. Zwar folgte die Wirtschaftspolitik noch bis in die 1970er Jahre der Vorgabe, die Industrie in öffentlicher Hand zu halten und die Verstaatlichung voranzutreiben, jedoch nahm der Einfluss „linker" Positionen stetig ab — und dies nicht nur in ökonomischen Fragen. Während unter Bruno Kreisky gesellschaftspolitische Maßnahmen wie beispielsweise eine Bildungsoffensive oder die Legalisierung von Abtreibung als eindeutige Merkmale sozialdemokratischer Politik aufscheinen, rückte die SPÖ seit Mitte der 1980er Jahre kontinuierlich nach rechts. So wurden beispielsweise die Verstaatlichungen gestoppt, der Einfluss der öffentlichen Hand auf die Wirtschaft zurückgefahren und Privatisierungen von Staatsbetrieben abgewickelt — mit teilweise fragwürdigem Erfolg und bisweilen auch juristischem Nachspiel. Man näherte sich der Europäischen Union, der man aufgrund der Neutralität Österreichs bislang skeptisch gegenüberstand, und stimmte, durch das Erstarken des rechten Lagers unter Jörg Haiders Freiheitlicher Partei Österreichs (FPÖ) in die Defensive gedrängt, ebenfalls für eine „Law & Order"-Politik, die in schärferem Fremden- und Asylrecht ihren Niederschlag fand. Selbst der Name der Partei blieb nicht verschont — das „sozialistisch" wurde nach dem Zusammenbruch des Ostblocks in „sozialdemokratisch" umbenannt.

Sogar die Vereinbarkeit von Sozialdemokratie und Kapitalismus schien kein Widerspruch mehr zu sein, als Viktor Klima Ende der 1990er Jahre, wie zuvor Gerhard Schröder in Deutschland und Tony Blair in Großbritannien, einen politischen Pfad einschlug, der danach trachtete, eine rechte Wirtschaftspolitik mit einer linken Sozialpolitik zu vereinen. Selbst der Sprachgebrauch hatte sich dem wirtschaftsliberalen Diskurs angepasst, als Alfred Gusenbauer am Anfang des neuen Jahrtausends eine „solidarische Hochleistungsgesellschaft" propagierte.

Ein derart dialektisches Verhältnis der SPÖ, zwischen historisch-ideologischem Pathos inklusive kämpferischer Rhetorik einerseits und pragmatischer Realpolitik andererseits, ist rückblickend betrachtet jedoch kein neues Phänomen. Dies hatte sich bereits seit den ersten Erfolgen der österreichischen reformistischen Linken abgezeichnet. Verglichen mit anderen zeitgenössischen Sozialisten waren die Austromarxisten des frühen 20. Jahrhunderts Meister darin, Gegensätze zu synthetisieren: sie blieben stets fest in jener gesellschaftlichen Wirklichkeit verankert, welche sie in ihren Schriften und Ansprachen emphatisch bekämpften.

Die Bilanz jener Zeit fällt eindeutig aus: mehr als 70.000 ehrenamtlich tätige FunktionärInnen kümmerten sich um die Belange der 700.000 Parteimitglieder, 90 Prozent der Vertrauensleute in den Betrieben bekannten sich zur Sozialdemokratie, unzählige Vereine und Verbandsorganisationen bildeten ein geschlossenes System, das die Arbeiterbewegung politisch, wirtschaftlich und kulturell umfasste — von der sprichwörtlichen Wiege (den Kinderbetreuungsstätten der „Kinderfreunde") bis zur Bahre (zum parteinahen Beerdigungsverein „die Flamme"), von verschiedenen Arbeiter-Sportvereinen (deren Dachverband im Jahre 1910 nicht weniger als 70.000 Mitglieder zählte) bis zum kommunalen Wohnbau des „Roten Wien" mit seinen Gemeindebauten, Krankenhäusern und Freibädern. Trotz des Niedergangs des Austromarxismus, der sich bereits seit dem Ende der „österreichischen Revolution", welche dem Ersten Weltkrieg gefolgt war, abzeichnete und im Jahre 1934 mit der Niederschlagung des Aufstands besiegelt wurde, der gegen die Etablierung eines faschistischen Regimes in Österreich gerichtet war, bestehen die Errungenschaften von damals auch heute noch, gut ein Jahrhundert später. Dies gilt auch für viele Konfliktlinien mit den Konservativen, wie etwa in der Bildungspolitik.

Unzweifelhaft hatte das Denken Otto Bauers den Austromarxismus geprägt. Seine Schriften gestatten nicht nur einen Einblick in die Geisteswelt ihres Autors, sondern spiegeln auch das Bild einer Epoche wider, welches von Erfolgen der Arbeiterbewegung, jedoch auch von Fall, Verfall und Zerfall gekennzeichnet, und wohl auch auf tragische Weise, gleichsam einem schlechten Omen, symbolisch im Wappen der Sozialdemokratischen Arbeiterpartei (SDAP) — drei nach links unten weisende Pfeile — verewigt ist: dem Aufstieg der Sozialdemokratie unter den Vorzeichen einer dem Untergang geweihten Monarchie; einer dem Austromarxismus spezifischen Form von Nationalitätenpolitik; den Erfolgen der Arbeiterbewegung hinsichtlich Lohnerhöhungen, Arbeitszeitverkürzung, Gesundheitsversorgung, Arbeitslosenversicherung, Bildung und politischer Partizipation; der „gebremsten Revolution" von 1918/19 und dem folgenden Dasein als Oppositionspartei; dem Hunger und Elend der Nachkriegszeit; den Restriktionen der Siegermächte; den Auswirkungen der Weltwirtschaftskrise; der Bewaffnung der Arbeiterschaft; dem Aufstieg des Faschismus und des Bolschewismus; der Niederlage im Bürgerkrieg des Jahres 1934 und dem folgenden Verbot der Partei; der Machtübernahme der Nationalsozialisten — um nur einige Themen zu nennen.

Otto Bauer selbst scheint, als Personifikation der österreichischen Arbeiterbewegung, geradezu schicksalshaft mit deren Geschichte und jähem Ende verknüpft zu sein.

***

Otto Bauer erblickte am 5. September 1881 als Sohn von Philipp, einem erfolgreichen jüdischen Textilfabrikanten, und Katharina Bauer, geb. Gerber, in Wien das Licht der Welt. Wenngleich natürlich keine Gewißheit darüber herrscht, ob seine Streifzüge als Kind in der väterlichen Fabrik dazu beigetragen haben, sein Interesse schon früh für kapitalistische Produktionsprozesse sowie die Lebensbedingungen der Arbeiterschaft zu wecken, so ist der Gedanke verlockend, dass gerade durch jene Erfahrungen die Ideen des Sozialismus eine verstärkte Anziehungskraft auf ihn ausgeübt haben. Bereits als Jugendlicher hatte sich Bauer derart in die Schriften Marx' vertieft und war davon mit Begeisterung beseelt, dass er im Freundeskreis Vorträge hielt und im Alter von 19 Jahren schließlich Mitglied der Sozialdemokratischen Arbeiterpartei (SDAP) wurde. Nach kurzem Militärdienst in einem Infanterieregiment immatrikulierte Otto Bauer im Jahre 1903 an der Universität Wien und begann Nationalökonomie, Geschichte, Soziologie, Philosophie, Sprachen und — auf Wunsch seines Vaters — Rechtswissenschaften zu studieren, wobei er letzteres im Jahre 1906 mit Doktorwürden abschloss.

Seine intensiven Studien hinderten ihn jedoch nicht daran, sich politisch zu engagieren. Während seiner Studienzeit trat Bauer der „Freien Vereinigung sozialistischer Studenten" und dem „Sozialwissenschaftlichen Bildungsverein" bei, wo er die Bekanntschaft mit Persönlichkeiten schloss, die noch eine große Rolle in der Geschichte der österreichischen Sozialdemokratie spielen sollten: Karl Renner, Max Adler, Friedrich Adler und Rudolf Hilferding, mit denen er gemeinsam den Verein „Zukunft", eine Schule für Arbeiter, gründete. Auch seine publizistische Tätigkeit gewann in dieser Zeit an Schwung, als Karl Kautsky — vom jungen Otto Bauer wegen einer möglichen Veröffentlichung eines Artikels kontaktiert — ihn im Jahre 1904 zur Mitarbeit in der „Neuen Zeit", der wichtigsten Theoriezeitschrift der deutschen Sozialdemokratie, gewinnen konnte. In der Folge erschienen dort mehrere Texte Bauers, in denen er sich mit unterschiedlichsten

Themen wie etwa dem Verhältnis von Marxismus und Ethik oder dem Imperialismus auseinandersetzte. Im Jahre 1907, im Alter von nur 26 Jahren, wurde Bauers erstes großes Werk veröffentlicht, dessen kontroverse Thesen ihn schlagartig berühmt machten: „Die Nationalitätenfrage und die Sozialdemokratie".

Auch in politischer Hinsicht erwies sich das Jahr 1907 als äußerst erfolgreich. Als die österreichische Sozialdemokratie zweitstärkste Fraktion nach den Christlichsozialen aus den Wahlen hervorging und mit 87 von 516 Mandaten in den Reichstag einzog, erhielt Bauer von Victor Adler den Auftrag, das Klubsekretariat aufzubauen und wurde mit dessen Führung betraut. Des Weiteren trat er der Redaktion der „Arbeiter-Zeitung" bei und gründete gemeinsam mit Karl Renner und Adolf Braun die Monatsschrift „Der Kampf", dessen redaktionelle Leitung er übernahm.

Bauers politische Funktion bewahrte ihn jedoch nicht davor, bei Ausbruch des Ersten Weltkrieges zum Militärdienst einberufen zu werden. Als Leutnant des Infanterie-Regiments Nr. 75 wurde er an der Ostfront eingesetzt, geriet bereits früh in Kriegsgefangenschaft und verbrachte fast drei Jahre in einem Lager in Sibirien. Nach seiner Rückkehr als „Austauschgefangener", den die Oktoberrevolution aus seiner Internierung befreite, wurde Bauer im September 1917 dazu verpflichtet, im Kriegsministerium weiter seinen Dienst zu versehen. In jener Zeit intensivierte sich auch die Zusammenarbeit mit Victor Adler, dem Vorsitzenden der SDAP, und Otto Bauer wurde zu einem seiner engsten Vertrauten.

Im Gegensatz zu Karl Renner und der unter dessen Einfluss stehenden Parlamentsmehrheit, welche die Rettung Österreichs darin suchten, die Monarchie durch Reformen zu retten, erachtete Bauer derartige Bestrebungen bereits als aussichtslos. Die Auswirkungen des Krieges sowie die Revolution in Russland hätten den Wunsch der slawischen Völker nach Unabhängigkeit derart befeuert, dass nach einem Sieg der Entente diese nichts davon abhalte, sich vom Habsburgerreich loszulösen. Der Sozialdemokratie könne deshalb nur die Aufgabe zufallen, Vorbereitungen für die bevorstehende Revolution zu treffen. Je lauter die Rufe nach Autonomie innerhalb der Monarchie wurden, umso mehr erstarkte auch die Überzeugung Otto Bauers und jener, die seinen Standpunkt teilten. Zu Beginn des Jahres 1918 wurde das „Nationalitätenprogramm der Linken" verlesen, in der gefordert wurde, konstituierende Nationalversammlungen der einzelnen Nationen Österreiches einzuberufen. Trotz der sich weiter verschärfenden politischen Situation lehnte indes die Mehrheit des Parteitages einen derartigen Vorstoß ab. Als Ende 1918 die Donaumonarchie endgültig zerbrach und Victor Adler, der designierte Außenminister des neuen Staates, am 11. November, dem Vorabend der Ausrufung der Republik, unerwartet verstarb, übernahm Bauer die Leitung des Außenamtes. Damals schien — für sämtliche Parteien — der Anschluss an Deutschland als einzig gangbarer Weg, um Österreich nach dem Abfall der nicht-deutschen Nationen vom ehemaligen Habsburgerreich das Überleben zu sichern. Es herrschte die Überzeugung, dass das kleine, übriggebliebene „Rest-Österreich", auf sich alleine gestellt wirtschaftlich nicht überlebensfähig sei.

Nach nur wenigen Monaten im Amt, nachdem Initiativen für den Anschluss an Deutschland durch die Siegermächte abgewiesen und letztlich mit dem Vertrag von St. Germain zu Grabe getragen worden waren, trat Otto Bauer im Juli 1919 zurück. Bauer übernahm nun die Führungsfunktion der Partei und blieb ihr auch nach seinem Ausscheiden aus der Regierung als brillianter Rhetoriker und Publizist erhalten. Ebenfalls zu dieser Zeit setzte sich Bauer für die Wiener Arbeitsgemeinschaft Sozialistischer Parteien (auch bekannt unter der Bezeichnung „Internationale Zweieinhalb") ein, die einerseits aus der II. Internationale wegen dem gehaltenen „Burgfrieden" — dem Zurückstellen innenpolitischer und wirtschaftlicher Konflikte während des Krieges — ausgetreten waren, jedoch andererseits davon Abstand nahmen, Teil der Kommunistischen Internationale zu werden, da sie nicht gewillt waren, die dominante Rolle der Bolschewiki zu akzeptieren.

Am 3. November 1926 beschloss die SDAP ein wegweisendes Parteiprogramm, das „Linzer Programm", welches unter der Federführung von Otto Bauer entstanden war. Die darin enthaltene kämpferische Rhetorik, besonders jener Abschnitt zur „Diktatur der Arbeiterklasse", welche u.a. dann angewendet werden sollte, wenn sich die Bourgeoisie mithilfe ausländischer Kräfte der Revolution zu widersetzen beabsichtigte, führten schließlich dazu, dass sich die politischen Fronten innerhalb der Ersten Republik noch weiter verhärteten.

Trotz seines Ansehens geriet Bauer in den folgenden Jahren zusehends ins Kreuzfeuer der Kritik. Insbesondere nach der Ausschaltung des Parlaments im Jahre 1933 und der Errichtung des austrofaschistischen Ständestaats bot sein übervorsichtiges Verhalten Kritikern eine große Angriffsfläche: kein Generalstreik wurde nach der Ausschaltung des Parlaments ausgerufen; selbst als der sozialdemokratische Schutzbund verboten wurde, zögerte Bauer mit seinen Entscheidungen; wenn Taten gesetzt wurden, erfolgten diese zu spät, um noch etwas ausrichten zu können.

Nachdem der Schutzbund in den Februaraufständen 1934 durch das autoritäre Dollfuß-Regime in mehrtägigen Kämpfen niedergerungen worden war, flüchtete Bauer auf Anraten von Parteigenossen in die damalige Tschechoslowakei nach Brno (Brünn). Von dort setzte er seine politische Arbeit fort, etablierte das Auslandsbüro der österreichischen Sozialdemokraten (ALÖS) und publizierte weiterhin für die Monatsschrift „Der Kampf" sowie die „Arbeiter-Zeitung", welche trotz Verbots in Österreich unter der Hand Verbreitung fanden.

Im März 1938 traf Otto Bauer in Brüssel mit Friedrich Adler und Joseph Buttinger zusammen, um die Zusammenlegung des ALÖS und des Parteipräsidiums der Revolutionären Sozialisten, deren Vorsitzender Buttinger war, zu besprechen. Am 4. Juli 1938, nur wenige Monate nach dem Anschluss Österreichs an Hitler-Deutschland und vor Beginn des Zweiten Weltkrieges, den er in seinem letzten zu Lebzeiten erschienenen Werk „Zwischen zwei Weltkriegen?" vorhersah, verstarb Otto Bauer in Paris an einem

Herzinfarkt und wurde auf dem Pariser Friedhof „Père Lachaise",
gegenüber dem Denkmal für die Kämpfer der Pariser Kommune,
beigesetzt. Im Jahre 1948 wurde die Urne Otto Bauers nach Wien
überstellt und schließlich am 12. November 1959 in ein Ehrengrab
am Wiener Zentralfriedhof umgebettet.

✳ ✳ ✳

Worin besteht die Faszination, welche nach Jahrzehnten weitge-
hender Vergessenheit von Bauers Schriften ausgeht? Im Gegensatz zu den meisten reformistischen Politikern waren die Austromarxisten keine reinen Pragmatiker, sondern darauf bedacht,
ihre Politik theoretisch zu untermauern und die „marxistische
Mitte", zu der sie sich zugehörig fühlten, gegen rechte (reformi-
stische) sowie linke (bolschewistische) Strömungen abzusichern.
Gerade das Bestreben, einen „Dritten Weg" zwischen Reform
und Revolution zu suchen, und eine gemeinsame Basis der zer-
splitterten Linken, zwischen sozialdemokratischen und anderen
linken Parteien zu finden, ist damals wie heute so verlockend wie
dringend notwendig.

Nicht zuletzt ist es Otto Bauers Scharfsinn und Talent zu ver-
danken, Probleme der Tagespolitik im Detail zu analysieren, diese
dann in einen größeren Zusammenhang einzubetten und komple-
xe Sachverhalte in einer verständlichen Sprache zu behandeln,
dass selbst nach so vielen Jahren seine Schriften nichts an ihrer
Wirkkraft eingebüßt haben.

Interessierten LeserInnen standen bislang nur wenige Möglichkeiten offen, sich mit Otto Bauers Schriften zu befassen. Einige
Originalexemplare finden sich noch in Bibliotheken, doch selbst
die käuflich zu erwerbenden Exemplare der Werkausgabe, welche
erst im Jahre 1975 — knapp 40 Jahre nach seinem Tod — erschienen ist, sind lediglich über Antiquariate und zum Teil nur unter
beträchtlichen Kosten zu beziehen. Diesem Umstand Rechnung
tragend, habe ich mich dazu entschlossen, ausgewählte Schriften
Otto Bauers in modern aufbereiteter Form und als erschwingliche
Paperback-Ausgaben zu veröffentlichen.

Die Orthographie des jeweiligen Originals wurde unverändert übernommen, korrigierend wurde nur dort eingegriffen, wo im Drucksatz der damaligen Produktion offensichtliche Fehler oder eingeschränkte Möglichkeiten, z.B. bei großgeschriebenen Umlauten, vorliegen. Fußnoten wurden vereinheitlicht, gesperrte Wörter kursiv gesetzt sowie bei manchen Werken umfangreichere Literaturangaben an das Ende des Buches gesetzt. Zur besseren Orientierung und um das Zitieren gemäß den Originaltexten zu ermöglichen, wurde das Ende einer Seite im Original in Randnoten vermerkt — so kennzeichnet beispielsweise die Ziffer 32 den Umbruch von Seite 32 auf Seite 33 in der zugrundeliegenden Ausgabe. Sämtliche Texte wurden manuell transkribiert und mehrfach mit dem Original verglichen. Sollten sich dennoch Fehler eingeschlichen haben, trage ich hierfür die alleinige Verantwortung.

Thomas Gimesi
WIEN, 3. SEPTEMBER 2017

VERWENDETE QUELLEN & WEITERFÜHRENDE LITERATUR

- Albers, Detlev; Heimann, Horst; Saage, Richard (Hrsg.): Otto Bauer – Theorie und Politik. Argument Verlag, Berlin 1985.
- Das Rote Wien: Weblexikon der Wiener Sozialdemokratie. *http://www.dasrotewien.at/bauer-otto.html*
- Deutsch, Julius: Otto Bauer (Kurzbiographie). In: Neue Österreichische Biographie, Band 10, S. 209–218. Amalthea Verlag, Zürich–Leipzig–Wien 1957.
- Hanisch, Ernst: Der große Illusionist: Otto Bauer (1881–1938). Böhlau, Wien 2011.
- Leichter, Otto: Otto Bauer. Tragödie oder Triumph. Europa Verlag, Wien 1970.
- Leser, Otto: Zwischen Reformismus und Bolschewismus. Der Austromarxismus als Theorie und Praxis. Europa Verlag, Wien 1968.
- Löw, Raimund; Mattl, Siegfried; Pfabigan, Alfred (Hrsg.): Der Austromarxismus – Eine Autopsie. isp-Verlag, Frankfurt am Main 1986.
- Maderthaner, Wolfgang: Der große Theoretiker der Sozialdemokratie. In: Österreich-Magazin, 3/2011. *http://www.dasrotewien.at/bilder/d278/Oemag_03_2011_ansicht_15.pdf*
- SPÖ/Renner Institut: Rot Bewegt – Geschichte der österreichischen Sozialdemokratie. *https://rotbewegt.at/#/epoche/1889-1918/artikel/austromarxismus*
- Wien Geschichte Wiki: Otto Bauer. *https://www.wien.gv.at/wiki/index.php/Otto_Bauer*

Vorwort

⁓

DER LINZER PARTEITAG hat unser neues Programm beschlossen. Das Linzer Programm dem geistigen Gemeinbesitz unserer vielhunderttausendköpfigen Parteigenossenschaft einzuverleiben, ist nunmehr die wichtigste Aufgabe unserer Bildungsarbeit innerhalb der Partei. Die Erläuterung des Linzer Programms ist daher eine der nächsten wichtigen Aufgaben unserer Parteiliteratur.

Ich habe diese Arbeit mit der Erläuterung des Abschnittes unseres Parteiprogramms begonnen, der von dem Verhältnis unserer Partei zur Religion und zur Kirche handelt. Denn die Gedankengänge dieses Abschnittes haben nicht die einmütige Zustimmung aller Parteigenossen gefunden. Ihnen stehen innerhalb unserer Partei mancherlei Vorurteile, mancherlei Mißverständnisse, mancherlei Leidenschaften entgegen. Darum erschien mir die Erläuterung dieses Abschnittes unseres Programms besonders wichtig und besonders dringend.

Es ist eine der allerwichtigsten Aufgaben unserer Partei, die uns noch fernstehenden Massen des proletarischen Landvolkes zu gewinnen. Meine beiden letzten Arbeiten — „Der Kampf um Wald und Weide" (Wien 1925) und die „Sozialdemokratische Agrarpolitik" (Wien 1926) — wollten dieser Arbeit dienen. Aber unser Kampf um das Dorf erheischt nicht nur Vertrautheit mit den agrarpolitischen Fragen, sondern auch Erfüllung unserer Werbe- und unserer Organisationsarbeit mit dem Geiste des Abschnittes unseres Linzer Programms, der unser Verhältnis zur Religion und zur Kirche bestimmt. Auch die Erläuterung dieses Abschnittes will also die lebenswichtige Arbeit fördern, der meine beiden letzten Arbeiten zu dienen suchten.

Meine Broschüre war geschrieben und gesetzt, als der Nationalrat die Neuwahlen anordnete. Zeiten des Wahlkampfes sind der Erörterung innerer Parteifragen nicht günstig; deshalb wird die Broschüre erst nach der Wahlschlacht veröffentlicht. Die Erfahrungen des Wahlkampfes geben ihr Aktualität. Die „Einheitsliste", der wir in diesem Wahlkampfe gegenüberstanden, hat die Allianz der kapitalistischen und der Hierarchie, das Bündnis der Industriemagnaten und der Bischöfe, der Börsenpresse und der Kanzleiprediger anschaulich gemacht. Jedem Arbeiter zeigt es der Wahlausgang: Die Bourgeoisie kann nur darum noch herrschen, weil die Kirche die religiösen Gefühle der Volksmassen dazu ausbeutet, die Herrschaft der Bourgeoisie zu erhalten. Das Problem meiner Broschüre, wie wir dem Kapitel diese Machtstütze entreißen können, ist das Problem unseres Kampfes um die Staatsmacht.

Gerade vor vierhundert Jahren, im Jahre 1527, hat der Habsburger Ferdinand I. sein Blutpatent gegen die große Bewegung der Täufer erlassen, die sich damals unter den Bergknappen, den Handwerksgesellen, den Bauern Nieder- und Oberösterreichs und unserer Alpenländer ausbreitete.

Diese Täufer waren tiefgläubige Christen. „Sie hatten den Schein

3 | eines wahrhaft christlichen Lebens für sich, duldeten kein Laster, nahmen sich der Brüder und Schwerstern an und hatten gegen ihre Feinde nur Worte des Friedens und der Duldung. »Des Herrn, nicht unser ist die Rache«, war ein Grundsatz dieser Gemeinde." Diese Täufer waren Sozialisten, die den primitiven Kommunismus der urchristlichen Gemeinden wiederzubeleben suchten. „Sie haben, von anderen abgesondert, alle Dinge gemein; keiner sagt, daß etwas sein sei, und ist alles Eigentum bei ihnen Sünd", berichtet von ihnen Sebastian Franck. Diese Täufer waren die ersten Kämpfer für die Trennung von Kirche und Staat. Balthasar Hubmaier, den Ferdinand I. im März 1528 auf der Heide bei Erdberg verbrennen ließ, hatte zuerst in seinen Schriften den Gedanken verfochten, daß die wahre Kirche nicht bestehen könne, wo „das wältlich regiment und die christenlich kirch unter einanderen ist".

Mit furchtbarer Grausamkeit hat die katholische Gegenreformation das Täufertum ausgerottet. „Wir mögen mit Warheit wol anzaigen", berichtete die tirolische Regierung, „daß in zweien Jahren selten ein Tag gewest, daß nit widertaufferisch Sachen in unsern Rat kommen weren, und sind denn mehr als 700 Manns- und Weibspersonen in dieser Grafschaft Tirol an mehr Orten zum Tod gericht, teils des Landes verwiesen und noch mehr in das Elend flüchtig worden, die ihre Güter, aines Teils auch ihre Kinder waislos verlassen". Wären die Leute nicht verstockt, so „müßte ihnen die grausam vielfältig Straf, so sie an Alten und Jungen, an Mann- und Weibspersonen, deren etliche noch nit recht zu ihren Tagen kommen, schier alle Wochen vor Augen haben, billig einen Schrecken gebären, daß sich niemand so liederlich, als es geschieht, in die Sekte begeben würde. Wir können nicht verhalten die Unsinnigkeit, die bei den Leuten jetzt gemeiniglich gefunden wird, daß sie an der Straf anderer nicht allein kein Entsetzen haben, sondern sie gehen, wo sie des statthaben können, selbst zu den Gefangenen und zeigen sich für ihre Brüder und Schwestern an und wo ihnen die Gerichtsbegleiter nachstellen und sie betreten, bekennen sie es ohne Marter gern und willig, wollen keine Unterweisung hören, und selten läßt sich eins von seinem Unglauben bekehren und begehren meistenteils nur bald zu sterben".

Wenn die Sozialdemokratie dagegen kämpft, daß echte volkstümliche Religiosität zur Stütze der Herrschaft des Kapitals mißbraucht wird, so ziemt es ihr, jener tiefgläubigen Christen und tiefgläubigen Sozialisten zu gedenken, die vor nunmehr gerade vierhundert Jahren zu Tausenden in den Kerkern der Habsburger die Folter erlitten haben, auf den Scheiterhaufen der Gegenreformation gestorben sind.

Dem Andenken dieser Blutzeugen eines gläubigen Sozialismus sei diese Schrift gewidmet.

Wien, im Mai 1927.
Otto Bauer |

Kirche und Klassenkampf

~

1.1 Kirche und Adel in der feudalen Gesellschaft

DIE WELTLICHEN UND DIE geistlichen Grundherren waren die beiden herrschenden Klassen der feudalen Gesellschaft. An der Spitze der geistlichen Grundherren stand der Kaiser, unter ihm die Fürsten, unter ihnen die Grafen, die Freiherren, die Ritterschaft.

An der Spitze der geistlichen Grundherren stand der Papst, unter ihm die Bischöfe und die Äbte, unter ihnen die Weltgeistlichkeit und die Ordensgeistlichkeit.

Der Reichtum und die Macht beider Herrenklassen waren gegründet auf die Ausbeutung der Bauern. Die Bauern mußten sowohl den weltlichen als auch den geistlichen Grundherren Robot leisten und Abgaben entrichten.

Die beiden Herrenklassen kämpften gegeneinander um die Vorherrschaft in der feudalen Gesellschaft.

Die Päpste beanspruchten als Statthalter Christi alle Gewalt auf Erden. Sie betrachteten Kaiser und Könige als ihre Lehensmannen. Sie maßten sich das Recht an, die Wahl von Kaisern und Königen zu bestätigen oder zu verwerfen, über sie zu richten, sie abzusetzen.

Anderseits beanspruchten Kaiser und Fürsten für sich nicht nur die weltliche Macht, sondern auch die Macht über die Kirche. Sie setzten Päpste, Bischöfe, Äbte ein und ab. Sie griffen nach den reichen Vermögenschaften der Kirche.

Durch die Jahrhunderte des Mittelalters zog sich der Kampf zwischen den Kaisern und den Päpsten.

Und dieser Kampf wiederholte sich in den einzelnen Ländern in den Kämpfen zwischen Landesfürsten und den Bischöfen. So auch in Österreich.

Jahrhundertelang führten hierzulande die habsburgischen Herzoge leidenschaftliche, sich zuweilen bis zu blutigen Fehden steigernde Kämpfe mit der Kirche: Kämpfe um die Errichtung besonderer, vom Salzburger Erzbistum unabhängiger Landesbistümer, um das Recht der Ernennung der Bischöfe, um die Abgrenzung der Rechte der geistlichen und der weltlichen Gerichtsbarkeit, um die Steuerpflicht der Kirchengüter.

Die Geschichte der feudalen Gesellschaft ist die Geschichte der Klassenkämpfe zwischen der weltlichen und der geistlichen Grundherrenklasse — zwischen den Fürsten und dem Adel auf der einen, der Kirche auf der anderen Seite.

1.2 Die Kirche im Dienste des Absolutismus

ABER IM SCHOSSE DER feudalen Gesellschaft entwickelten sich allmählich die Städte, der Handel, der Bergbau. Die Naturalwirtschaft wich der Geldwirtschaft. Die wachsenden Steuern der Städte, die wachsenden Einnahmen aus dem Bergbau vermehrten die Einkünfte bei den Fürsten. Nun | konnten die Fürsten immer größere Söldnerheere in ihren Dienst stellen. Nun konnten sie immer mehr besoldete Beamte mit der Führung ihrer Geschäfte betrauen. So erstarkte, auf die Steuerkraft der Städte gestützt, die Fürstengewalt.

Nun erst konnten sich die Fürsten die beiden herrschenden Klassen der feudalen Gesellschaft, den Adel und die Kirche, unterwerfen.

Die Söldnerheere der Fürsten schossen die Ritterburgen in den Grund. Sie zersprengten die Aufgebote der adeligen Landstände. Sie verwandelten den stolzen, selbständigen Feudaladel in den gehorsamen Hofadel der Fürsten.

Die Söldnerheere der Fürsten begründeten den Absolutismus. Nun erst waren die Fürsten stark genug, auch die Kirche zum dienenden Werkzeug der Fürstengewalt zu erniedrigen.

Die Gelegenheit dazu bot ihnen die gewaltige Bewegung der Reformation, die im 16. Jahrhundert durch Europa ging.

Die Umwälzung der überlieferten sozialen Verhältnisse, durch die Entwicklung des Frühkapitalismus in den Städten, im Bergbau, im Handel hervorgerufen, hatte die Volksmassen zur Empörung getrieben. Sie griffen auf die Lehren der Evangelien zurück. Im Namen des wahren Christentums, wie sie es aus den Evangelien herauslasen, nahmen sie den Kampf gegen ihre Bedrücker, gegen die Fürsten, den Adel und die Kirche auf. In den Bauernkriegen erreichte die revolutionäre Bewegung ihren Höhepunkt.

Die Söldnerheere der Fürsten warfen die Bauern nieder. Aber die Fürsten nützten ihren Sieg aus, nicht um die alte Herrschaft des Adels und der Kirche wiederherzustellen, sondern um Adel und Kirche der unbeschränkten Fürstengewalt dienstbar zu machen.

In den Ländern, die die Reformation von der römisch-katholischen Kirche losgerissen hat, stellten sich die Fürsten an die Spitze der Kirche. Der König wurde zum Herrn der Kirche, die Kirche zur Einrichtung des Staates, die Priester wurden zu Staatsdienern. Hielten die Söldnerheere das Volk dem Fürsten im Gehorsam, besorgten die Beamten die Verwaltung im Namen und Auftrag des Fürsten, so hatten die Priester die Aufgabe, das Volk zu lehren, daß dem Fürsten willig zu steuern und für den Fürsten willig zu sterben Gottes Gebot sei.

Aber auch in den Ländern, in denen die Reformation besiegt wurde, wurde die Kirche zur Staatsanstalt.

In Österreich haben die Habsburger den Protestantismus mit blutiger Gewalt ausgerottet. Sie haben mit staatlicher Zwangsgewalt das ganze Volk den kirchlichen Geboten unterworfen; wer zur Osterzeit nicht beichten ging, wer die kirchlichen Fastengebote nicht befolgte, wer gar ketzerischer Lehre anhing, verfiel der grausamen Strafgewalt des Staates. Aber die Habsburger haben das Volk der Kirche nur unterworfen, um die Kirche selbst in ein Werkzeug ihrer Herrschaft, in ein Werkzeug des Absolutismus zu verwandeln. Derselbe Kaiser Ferdinand II., der die

Protestanten aus Österreich vertrieben hat, hat den Grund gelegt zur Herrschaft des Staates über die katholische Kirche. Was er begonnen, haben seine Nachfolger fortgesetzt, Maria Theresia und Josef II. nur vollendet. Der „Josefinismus" vollendete, was die Gegenreformation begonnen hatte.

Der Absolutismus hat die Macht des Papstes über die katholische Kirche der habsburgischen Erblande empfindlich beschränkt, um die Kirche sich selbst untertan zu machen: päpstliche Bullen durften nur noch mit | Genehmigung des Kaisers kundgemacht werden. Der Absolutismus hat den Wirkungskreis der Kirche wesentlich eingeengt, um die Macht seiner Bürokratie auszudehnen; so hat er die Zuständigkeit der geistlichen Gerichte Schritt für Schritt eingeschränkt. Der Absolutismus hat die Kirche in eine Staatsanstalt verwandelt; der Kaiser ernannte die Bischöfe, der Kaiser übergab die Erziehung der Geistlichen staatlichen Seminarien, der Kaiser ordnete die Vermögensverhältnisse der Kirche, der Kaiser erließ Generalordnungen für Stifte und Klöster und hob schließlich diejenigen Orden, die nicht staatlichen Zwecken dienten, auf. Zäh, aber erfolglos hat sich die Kirche jahrhundertelang gegen die absolutistische Gewalt gewehrt, die sie in ihr Werkzeug verwandelte.

Der Absolutismus hat das Volk mit brutaler Zwangsgewalt dem kirchlichen Lehrmonopol und den friedlichen Geboten unterworfen. Aber er hat zugleich die Kirche selbst in seine Dienerin verwandelt. So war die Macht der Kirche über das Volk nur noch ein Herrschaftsinstrument des Absolutismus, die Kirche selbst ein wesentlicher Bestandteil des absolutistischen Herrschaftssystems.

1.3 Die Kirche und die bürgerliche Revolution

UNTER DEM SCHUTZE des Absolutismus wuchs allmählich der Kapitalismus. Das Bürgertum erstarkte an Zahl, an Reichtum, an Bildung, an Selbstbewußtsein. Je stärker es wurde, desto stärker wurde seine Auflehnung gegen den Absolutismus.

Das Bürgertum nahm den Kampf gegen den Absolutismus auf; es forderte eine Verfassung, die einem von dem Bürgertum gewählten Parlament das Recht der Gesetzgebung und der Kontrolle der Verwaltung übertragen sollte.

Es kämpfte gegen die Vorrechte des Adels; der reich gewordene Bürger wollte hinter dem Edelmann nicht zurückstehen.

Es kämpfte gegen die feudale Grundeigentumsordnung, die der Absolutismus aufrechterhielt.

Aber in seinem Kampf gegen den Absolutismus und den Feudalismus stieß das Bürgertum auf die Kirche: auf die zur Staatsanstalt, zum Herrschaftsinstrument des Absolutismus gewordene Kirche, deren Macht über die Gläubigen das Volk dem Absolutismus in Gehorsam und Demut erhielt; auf die Bistümer, Klöster und Stifte, die, selbst große Grundherren, gemeinsam mit dem Adel die feudale Grundeigentumsordnung verteidigten.

Das Bürgertum führte den Kampf gegen die Kirche zuerst mit geistigen Waffen: die bürgerliche Aufklärungsphilosophie erschütterte den Kirchenglauben der gebildeten Oberschichten des Volkes.

Das Bürgertum nahm dann den Kampf mit politischen Waffen auf: die bürgerliche Revolution zertrümmerte überall mit dem Absolutismus auch sein Staatskirchensystem.

Die bürgerliche Revolution stellte dem Glaubenszwang des Absolutismus die Glaubens- und Gewissensfreiheit des einzelnen, der Staatskirche des Absolutismus die Gleichberechtigung aller Kirchen und Religionsgesellschaften entgegen.

So nahm in Österreich der im Sturm der Revolution von 1848 gewählte Reichstag in die von ihm beschlossene Verfassung folgende Grundsätze auf: | 7

Jedem österreichischen Staatsbürger ist die Freiheit des Glaubens und der öffentlichen Religionsübung gewährleistet.
Keine Religionsgesellschaft (Kirche) genießt vor anderen Vorrechte durch den Staat.

Niemand kann zu religiösen Handlungen und Fei-
erlichkeiten überhaupt oder insbesondere zu den
Verpflichtungen eines Kultus, zu welchem er sich
nicht bekennt, vom Staate gezwungen werden.
Die Religionsverschiedenheit begründet keinen Unterschied in den Rechten und Pflichten der Staatsbürger.

Die Kirche setzte sich gegen diese Grundsätze der bürgerlichen
Revolution zur Wehr. Wohl forderte sie die Befreiung von den
Fesseln, in die sie der Absolutismus geschlagen hatte; aber trotzdem forderte sie den Fortbestand des alten Glaubenszwanges,
ihrer alten Vorrechte, ihres alten Lehrmonopols.

So stellten sich Bischöfe und Prälaten an die Seite des Hofes und
des Adels gegen die bürgerliche Revolution. So segnete die Kirche
die Säbel und die Galgen der triumphierenden Gegenrevolution.

Die Gegenrevolution stattete der Kirche ihren Dank ab mit den
Verordnungen von 1850, die der Kirche ihre Freiheit gaben, indem sie die „josefinische" Vormundschaft des Staates über die
Kirche aufhoben, und mit dem Konkordat von 1855, das die staatliche Volksschule und das staatliche Eherecht der Vormundschaft
der Kirche unterwarf. War vor 1848 die Kirche ein Organ des Absolutismus, so war nach 1848 der Absolutismus ein Organ der
Kirche.

1.4 Klerikalismus und Liberalismus

DER WIEDERERSTANDENE Absolutismus brach auf den Schlacht-
feldern von 1859 und 1866 zusammen. Aber die Verfassungen von 1861 und 1867 schlossen die breiten Volksmassen von
dem Wahlrecht für die Landtage und den Reichrat aus. Nur der
Großgrundbesitz und die Großbourgeoisie wurden durch diese
Verfassungen zur Teilnahme an der Gesetzgebung berufen.

Da die Volksmassen ausgeschlossen waren, war die Geschichte
Österreichs auf dem Boden dieser Verfassungen von den sechziger bis zu den achtziger Jahren die Geschichte des Klassenkampfes zwischen der Großbourgeoisie auf der einen, dem adeligen

und dem kirchlichen Großgrundbesitz auf der anderen Seite. Auf der einen Seite stand die liberale Partei — die Partei der Fabrikanten, der Kaufleute, der Bankiers, der Professoren und Advokaten.

Auf der anderen Seite stand die feudalklerikale Partei, geführt vom grundbesitzenden Hochadel und von der hohen Geistlichkeit.

Der Liberalismus nahm den Kampf gegen das Staatskirchensystem des Absolutismus von neuem auf. Er hat das Konkordat aufgehoben, im Staatsgrundgesetz von 1867 die Glaubens- und Gewissensfreiheit, in dem Gesetz von 1868 die Gleichberechtigung der gesetzlich anerkannten Religionsgesellschaften, im Reichsvolksschulgesetz von 1869 die Befreiung der Schule von der geistlichen Schulaufsicht durchgesetzt. Aber alle seine weiteren Versuche scheiterten an dem leidenschaftlichen Widerstand der vom Hof und vom Adel unterstützten Kirche. Sein Versuch, die Kongrua aufzuheben und die Pflicht zur Erhaltung der Geistlichkeit den Pfarrgemeinden der Gläubigen aufzuerlegen, seine Bestrebungen nach der Reform des Eherechtes sind gescheitert. | 8

Der Kampf zwischen dem Liberalismus und dem Klerikalismus von den sechziger bis zu den achtziger Jahren war ein Kampf zwischen zwei privilegierten Herrenklassen: zwischen der Großbourgeoisie und dem grundbesitzenden Adel, zwischen der neuen Aristokratie des Goldes und der alten Aristokratie des Blutes. In diesem Kampfe mußte schließlich diejenige Klasse siegen, der es gelang, in den breiten werktätigen Volksmassen, die noch außerhalb der Verfassung standen, Bundesgenossen zu finden, diese Bundesgenossen im Kampfe gegen die andere der beiden Herrenklassen einzusetzen.

Die liberalen Fabrikanten, Großkaufleute, Bankiers konnten das nicht. Geschreckt durch die Erfahrungen der Revolution von 1848, haben es die liberalen Fabrikanten nicht gewagt, die Arbeiter zum Kampfe aufzubieten.

Der liberale „Kulturkampf" ist in Österreich daran gescheitert, daß das Klasseninteresse der liberalen Großbourgeoisie ihr nicht erlaubte, gegen Hof, Adel und Hierarchie an die werktätigen Volksmassen zu appellieren. Deshalb bestehen in Österreich auch jetzt noch große Überreste des alten Staatskirchensystems des Absolutismus fort.

Denn was der Liberalismus nicht gewagt hat, das hat der Klerikalismus vermocht. Er hat breite Massen zum Kampfe gegen den Liberalismus aufgeboten. Er hat eine klerikale Massenbewegung hervorgerufen, die den Liberalismus für immer besiegt hat.

1.5 Die Entstehung der klerikalen Massenpartei

DIE KAPITALISTISCHE FABRIK konkurrierte die Handwerksmeister nieder. Der kapitalistische Handel verwandelte die Handwerker in seine Stück- und Lohnmeister. Handelskapital und Hypothekenkapital beuteten die Bauern aus.

Da wandte sich der Klerikalismus an die Gewerbetreibenden in den Städten, an die Bauern auf dem Lande: Der Fabrikant, der Großkaufmann, der Zwischenhändler, der Wucherer, die euch ausbeuten — das sind dieselben liberalen Bourgeois, die die alten Rechte der heiligen Kirche bekämpfen!

Katholische Geistliche organisierten die Gewerbetreibenden in den Städten, die Bauern auf dem Lande zum Kampf gegen die liberale Großbourgeoisie. Sie verfochten die wirtschaftlichen und sozialen Klasseninteressen der bürgerlichen Mittelklasse und der Bauernschaft gegen die Großbourgeoisie und tauschten dafür die Unterstützung dieser Klassen gegen die Kirchenpolitik des Liberalismus ein.

Ursprünglich waren es Aristokraten, wie der Baron Vogelsang, der Prinz Liechtenstein, der Graf Falkenhayn, die die kleinbürgerlich-bäuerlichen Massen gegen den großbürgerlichen Liberalismus aufzubieten suchten. Vierzig Jahre vorher, als erst die Anfänge dieser Bewegung in Frankreich und England zu beobachten waren, kennzeichnete sie Karl Marx: „Den proletarischen Bettelsack schwenkten sie als Fahne in der Hand, um das Volk hinter sich her zu versammeln. Sooft es ihnen aber folgte, erblickte es auf ihren Hintern die alten feudalen Wappen und verlief sich mit lautem und unehrerbietigem Gelächter ... Wie der Pfaffe immer

Hand in Hand ging mit den Feudalen, so der pfäffische Sozialismus mit dem feudalistischen. Der christliche Sozialismus ist nur das Weihwasser, womit der Pfaffe den Ärger des Aristokraten einsegnet."[1]

Aber in dem Maße, als die kleinbürgerlich-bäuerlichen Massen wirklich in Bewegung gerieten, befreiten sie sich von der ursprünglichen feudalen Führung. |

9

Die aristokratisch-feudalklerikale Partei, die das Bündnis der Kirche mit dem grundbesitzenden Hochadel repräsentierte, ward abgelöst von der christlichsozialen Massenpartei, in der sich die Kirche mit der bürgerlichen Mittelklasse und den Bauern verbündete.

Die Macht der Kirche stützte sich jetzt nicht mehr nur auf ihren höfischen Einfluß, auf ihren Grundbesitz, auf ihre Privilegien, sondern auch auf die Kraft einer großen, über gewaltige Organisationen, über eine verbreitete Presse verfügenden Massenpartei; nicht mehr nur auf die religiösen Gefühle, Bedürfnisse, Traditionen der Massen, sondern darauf, daß volkreiche Klassen die Kirche als ihre Bundesgenossin gegen ihre Klassengegner, als Verfechterin ihrer wirtschaftlichen und sozialen Klasseninteressen betrachteten.

Die neue demokratische Macht der Kirche hat den nur auf die schmale Schicht der Großbourgeoisie gestützten Liberalismus besiegt.

Aber während die neue klerikale Massenpartei den großbourgeoisen Liberalismus sieghaft zurückdrängte, erhob sich in ihrem Rücken ein neuer Gegner: die aufsteigende Arbeiterklasse.

1.6 Die Kirche wird zur Verbündeten der Bourgeoisie

DIE SOZIALDEMOKRATIE, unter Viktor Adlers Führung auf dem Hainfelder Parteitag (1888) geeinigt, organisierte die Arbeitermassen und führte sie in den Kampf. In den Wahlrechtskämpfen 1893 bis 1907 zerschlug sie die Wahlrechtsprivilegien

---

[1] Marx-Engels: Das kommunistische Manifest. Wien 1921. Seite 29 f.

der besitzenden Klassen, eroberte sie den Arbeitern das Wahlrecht. Solange die Arbeiter vom Wahlrecht ausgeschlossen waren, war jeder Wahlkampf ein Kampf der klerikalen bürgerlich-
bäuerlichen Massen gegen die liberale Großbourgeoisie. Mit dem
allgemeinen Wahlrecht verschwand der Liberalismus; die nur
auf die schmale Schicht der Großbourgeoisie gestützte Partei
konnte sich in den Wahlkörpern des allgemeinen und gleichen
Wahlrechts nicht behaupten. Die klerikale bürgerlich-bäuerliche
Massenpartei hatte in den Wahlkämpfen nicht mehr die liberale
Großbourgeoisie anzugreifen, sondern sich gegen die sozialdemokratische Arbeiterpartei zu verteidigen.

Mit der Sozialdemokratie entwickelten sich die Gewerkschaften. Der mittel- und kleinbürgerliche Unternehmer in der Stadt
sah sich der Gewerkschaft gegenüber, die höheren Lohn und kür-
zere Arbeitszeit erzwang. Der Großbauer auf dem Lande ärgerte
sich, daß die Lohnerhöhungen in der Industrie ihn zwangen,
auch seinen Knechten höhere Löhne zu bewilligen, wenn er sich
die notwendigen Arbeitskräfte erhalten wollte. Die bürgerlich-
großbäuerliche Masse betrachtete nicht mehr die Kapitalisten,
sondern die Arbeiter als ihre gefährlichsten Klassengegner.

Mit der Sozialdemokratie erstarkten die Konsumgenossenschaften der Arbeiter. Der Händler sah sich von der Konkurrenz
der Konsumgenossenschaft bedroht. Er fürchtete nicht mehr
die liberalen Fabrikanten und Großkaufleute, sondern die von
Sozialdemokraten organisierten Konsumgenossenschaften.

Die bürgerlich-bäuerliche Masse, die eben erst die liberale
Großbourgeoisie besiegt hatte, wendete sich gegen die in ihrem
Rücken aufsteigende Arbeiterklasse.

Die katholischen Geistlichen, die die bürgerlich-bäuerlichen
Massen organisiert hatten und führten, hatten gestern noch gegen die liberale Großbourgeoisie gepredigt. Jetzt predigten sie
10   von allen Kanzeln gegen die sozialdemokratische Arbeiterschaft. |

Die Großbourgeoisie hatte die klerikale Massenpartei leidenschaftlich gehaßt und bekämpft, als sie Bürger und Bauern gegen
den Liberalismus mobilisierte. Seit der Einführung des allgemei-

nen Wahlrechts, seit dem Erstarken der Gewerkschaften begann sich die Stallung der Großbourgeoisie zum Klerikalismus zu ändern. Die Fabrikanten, die Bankdirektoren sahen: Der Liberalismus ist nicht mehr zu retten. In den Wahlkörpern des allgemeinen Wahlrechtes stehen nur noch Klerikalismus und Sozialdemokratie einander gegenüber. Indem sich der Klerikalismus gegen die Arbeiterklasse, gegen die Gewerkschaften, gegen die Sozialdemokratie wendet, verteidigt er auch unsere Sache! Seit dem Jahre 1907 finanzierten Großindustrielle und Großbanken, mochten sie auch Juden, Freimaurer, Freidenker sein, mit ihren Millionen die Wahlkämpfe der Klerikalen gegen die Sozialdemokratie.

Da kam der Krieg. Und in seinem Gefolge die Revolution. Der Umsturz entfesselte die stürmische Bewegung der Arbeiterklasse. Die besitzenden Klassen sahen ihr Eigentum durch das Proletariat bedroht. Hatten vordem die Bajonette der kaiserlichen Armee ihr Eigentum beschützt, so konnte nun nur noch *eine* Macht das kapitalistische Eigentum gegen den Sieg des Sozialismus verteidigen: die über Millionen Seelen mächtige Kirche!

Als die Geldentwertung die Arbeitermassen revolutionierte, fürchtete die internationale Hochfinanz, die soziale Revolution werde Österreich erfassen. Die jüdischen, kalvinischen, freimaurerischen Großkapitalisten von London, Amsterdam, Paris stellten dem katholischen Prälaten Seipel 1922 hunderte Millionen zur Verfügung, damit er die österreichische Währung saniere und dadurch Österreich vor der sozialen Revolution bewahre.

Die österreichische Großbourgeoisie begrüßte die Stabilisierung des Geldwertes als rettende Tat. Die Großindustriellen — Juden und Freimaurer! — jubelten dem katholischen Prälaten als ihrem Retter zu. Sein Bild hängt in den Arbeits- und Beratungszimmern der Bankdirektoren.

So ist die Großbourgeoisie in das Lager des Klerikalismus übergegangen. Ihr Geld, ihre Presse, ihre internationalen Verbindungen stehen ganz in seinem Dienste.

Solange die Arbeitermassen vom Wahlrecht ausgeschlossen waren, konnte die Großbourgeoisie allein herrschen. Ihre Allein-

herrschaft — das war der Liberalismus. Heute, in der demokratischen Republik, in der die Volksmehrheit entscheidet, kann die
Großbourgeoisie nur herrschen, indem sie sich auf die Masse der
bürgerlich-bäuerlichen Wählerschaft stützt; also nur herrschen,
indem sie in die klerikale Massenpartei, in der die bürgerlich-
bäuerlichen Wählermassen vereinigt sind, eindringt, sich die
klerikale Massenpartei dienstbar macht.

Und diese bürgerlich-bäuerlichen Wählermassen, die ein Men-
schenalter vorher die Alleinherrschaft der liberalen Großbourgeoisie gestürzt hatten, sie waren nun reif geworden, sich unter
die Führung der zum Klerikalismus übergehenden Großbourgeoisie zu stellen.

Selbst durch den Ansturm der Arbeiterklasse erschreckt, durch
ihre Kraftentfaltung eingeschüchtert, vor der sozialen Revolution
zitternd, sahen sie nur noch eine Aufgabe: die bürgerliche Eigentumsordnung gegen den Sozialismus zu verteidigen. So erschien
ihnen die Großbourgeoisie nun als ihr natürlicher Bundesgenosse gegen das Proletariat. So konnten sie die Unterstützung der
Großbourgeoisie gegen den gefährlichen Gegner nicht mehr entbehren: ihr Geld, ihre Presse, ihre internationalen Beziehungen.
Bei den Wahlen von 1923 stellte die christlichsoziale Partei zum
ersten Male die Kandidaten der Großindustriellen und der Groß-
11 banken auf ihre Kandidatenlisten. | Unser Parteiprogramm stellt
fest:

> Je vollständiger sich die gesamte Arbeiterklasse zum
> Kampfe gegen den Kapitalismus zusammenschließt,
> desto enger vereinigen sich alle Klassen, die aus der
> Ausbeutung fremder Arbeitskraft Gewinn ziehen,
> gegen den Ansturm der Arbeiterklasse. Die histo-
> rischen Gegensätze zwischen dem Bürgertum und
> dem Feudaladel, zwischen dem Großkapital und der
> bürgerlichen Mittelklasse treten zurück hinter den
> gemeinsamen Gegensatz aller Unternehmerklassen
> gegen die Arbeiterklasse. Die ganze Bourgeoisie —
> das heißt: die großen Kapitalisten und die bürgerli-

che Mittelklasse in den Städten, die Großgrundbesit-
zer und die Großbauern auf dem Lande —, schließt
sich gegen die Arbeiterklasse zusammen.

Mit dieser Entwicklung hat sich das Wesen der klerikalen Massenpartei verändert. Sie wurde, wie Seipel einmal sagte, zum
„Konzentrationszentrum aller antimarxistischen Elemente", das
heißt zur Organisation der gesamten Bourgeoisie gegen die Arbeiterklasse.

Ihre Wirtschaftspolitik und ihre Sozialpolitik kommandiert
die Großbourgeoisie. Ihre Schulpolitik und ihre Kulturpolitik
kommandiert die Kirche.

Die christlichsoziale Partei ist die Partei der bürgerlich-großbäuerlichen Massen, die sich in allen wirtschaftlichen und sozialen Fragen unter die Führung der Großbourgeoisie, in allen
Kulturfragen unter die Führung der Kirche gestellt haben.

Sie ist das Organ der Allianz der Großbourgeoisie und der Kirche zu gemeinsamer Führung der bürgerlich-großbäuerlichen
Massen gegen die Arbeiterklasse.

Die Großbourgeoisie stützt mit ihrem Gelde, mit ihrer Presse, mit ihren internationalen Beziehungen die christlichsoziale
Partei und ermöglicht es dadurch der Kirche, ihre Privilegien zu
behaupten: die Kongrua, den Zwang zum Religionsunterricht,
das kirchliche Eherecht. Die Kirche dankt ihr dafür, indem sie die
bürgerlich-bäuerlichen Massen, die ihr folgen, in den Dienst der
Wirtschafts- und Sozialpolitik der Großbourgeoisie stellt.

Es ist das Schicksal der Kirche, daß sie sich immer wieder mit ihren Feinden von gestern gegen ihre Feinde von heute verbünden
muß. Die große Gegnerin der weltlichen Grundherrenklasse in
der feudalen Gesellschaft wurde zur Bundesgenossin des Feudal-
adels gegen den Absolutismus, als er sich beide, Adel und Kirche,
zu unterwerfen suchte. Nachdem sie sich jahrhundertelang gegen
ihre Verwandlung in ein dienendes Werkzeug des Absolutismus
zäh gewehrt, wurde sie zur Bundesgenossin des Absolutismus
gegen die bürgerliche Revolution, gegen das aufsteigende liberale Großbürgertum. Nachdem sie die bürgerlich-bäuerlichen

Massen gegen die liberale Großbourgeoisie mobilisiert, ist sie
schließlich zur Bundesgenossin der unter der Führung derselben
Großbourgeoisie vereinigten bürgerlich-großbäuerlichen Massen gegen die Arbeiterklasse geworden. Immer aber ist sie, die
große Macht der Vergangenheit, die Bundesgenossin der jeweils
ihre Herrschaftsstellung verteidigenden gegen die jeweils aufsteigende Klasse. Wie sie in der Zeit der bürgerlichen Revolution
die Herrschaft des Hofes und des Adels gegen das aufsteigende
Bürgertum verteidigt hat, so verteidigt sie heute die Herrschaft
des Bürgertum gegen die Arbeiterklasse.

Die Allianz mit der Hierarchie der Kirche ist der Bourgeoisie
unentbehrlich geworden. Denn in der Demokratie, mit den Mitteln der Demokratie kann die Bourgeoisie nur herrschen, solange
sich die Mehrheit des Volkes von den Bourgeoisparteien führen
12 läßt. Nur die Macht der Kirche | über ihre Gläubigen kann aber
die Mehrheit des Volkes in der Gefolgschaft der größten Bourgeoispartei erhalten. Unser Linzer Programm stellt fest:

> In der demokratischen Republik beruht die politi-
> sche Herrschaft der Bourgeoisie nicht mehr auf poli-
> tischen Privilegien, sondern darauf, daß sie mittels
> ihrer wirtschaftlichen Macht, mittels der Macht der
> Tradition, mittels der *Presse*, der *Schule* und der *Kir-
> che* die Mehrheit des Volkes unter ihrem geistigen
> Einfluß zu erhalten vermag.

Wie die Zeitungsschreiber der kapitalistischen Presse, wie die
Professoren und Lehrer ihre Schulen, so braucht die Bourgeoisie
auch die Pfarrer und Katecheten der Kirche, um ihrer Herrschaft
über das Volk die demokratische Weihe der Bestätigung durch
den Willen der Volksmehrheit sichern zu können.

Aber ist so die Kirche der Bourgeoisie unentbehrlich geworden als Verteidigerin ihrer Herrschaft, so ist eben deshalb die
Bourgeoisie selbst zur Verteidigerin der Kirche geworden. Dem
einzelnen Bourgeois mögen die Kongrua, der Zwang zum Religionsunterricht, das kirchliche Eherecht noch so zuwider sein; die

Bourgeoisie als Klasse kann trotzdem ihre wirtschaftliche Macht-stellung gegen den Ansturm des Proletariats nicht mehr anders verteidigen, als indem sie die Herrschaft der christlichsozialen Partei stützt und damit das klerikale Staatskirchensystem erhält. Die Herrschaftsstellung der Kirche, die dieses Staatskirchensy-stem verteidigt, kann nicht mehr anders überwunden werden, als durch den Sieg der Proletariats über die Bourgeoisie. Wie vor sechzig Jahren das Konkordat nur zerrissen werden konnte durch den Sieg der Bourgeoisie über den Hof und den Feudaladel, so kann in unserer Zeit die Herrschaft der kirchlichen Hierarchie im Staat nur gebrochen werden durch den Sieg des Proletariats über die Bourgeoisie. | 13

Gesellschaftsordnung und Religion

2.1 Kirche und Religion

DER PAPST, DIE KARDINÄLE, die Bischöfe, die Prälaten — das ist die Kirche. Der arme Kleinbauer, der, wenn die Wolken aufziehen und ein Hagelschlag die Frucht auf dem Felde, die Frucht mühseliger Jahresarbeit zu vernichten droht, die Hände faltet und betet: „Unser täglich Brot gib uns heute", — das ist Religion. Die mächtige Herrschaftsorganisation, deren Diplomaten an allen Höfen sitzen, deren Fürsten große Parteien lenken und die Schicksale der Staaten beeinflussen — das ist die Kirche. Die Mutter, die am Krankenbett ihres Kindes in inbrünstigem Gebet zur Mutter Gottes Trost und Rettung sucht — das ist Religion. Das in Jahrhunderten kunstvoll aufgetürmte System der dogmatischen Theologie — das ist die Kirche. Die fromme Legende, die die Mutter dem Kinde erzählt — das ist Religion. Das gewaltige Herrschaftssystem des Kirchenrechtes — das ist die Kirche. Das den Armen, den Leidenden tröstende, erbauende fromme Lied — das ist Religion.

Die Macht der Kirche beruht auf der Religion des Volkes: wäre das Volk nicht religiös, so könnte die Kirche es nicht lenken. Aber wenngleich sich die kirchliche Herrschaftsorganisation auf die Religion stützt, so sind doch Kirche und Religion nicht identisch. Es gibt Kirchenfürsten, die im stillen Kämmerlein der Religion lachen; es gibt tiefreligiöse Menschen, die die Kirche hassen.

Wir haben gesehen, welche Rolle die Kirche in den Klassenkämpfen spielt. Wir wollen nun sehen, welcher Zusammenhang zwischen der Religion und den gesellschaftlichen Lebensbedingungen der Menschen besteht.

2.2 Soziale Lebensbedingungen und religiöse Vorstellungen

„BEDARF ES TIEFER EINSICHT, um zu begreifen", fragt Marx, „daß mit den Lebensverhältnissen der Menschen, mit ihren gesellschaftlichen Beziehungen, mit ihrem gesellschaftlichen Dasein auch ihre Vorstellungen, Anschauungen und Begriffe, mit einem Wort ihr Bewußtsein sich ändert?"[2]

Im 9. Jahrhundert schildert der altsächsische Sänger des „Heliand" Christus wie einen germanischen Volkskönig, der, der „hehrste am Haupt der Volksfahrt", von seiner Gefolgschaft umgeben, an der Spitze seiner Völkerschaft durch die Lande zieht.

Drei Jahrhunderte später erzählt uns Wolfram von Eschenbach das Epos vom Parzival, das den Gral, das Symbol der Erlösung, in den Prunk | feudaler Fürstenburg bettet und den Weg zur Selig- 14 keit uns weist in dem Leben des Ritters, der sie erst erringen kann, nachdem er auf seinen Irrfahrten in ritterlicher Kampftüchtigkeit seinen Beruf, dem geistlichen Amt mit weltlichem Arme zu dienen, erwiesen, zugleich aber sich vom Hochmut und Zweifel geläutert, nach den großen Geheimnissen zu fragen erlernt hat.

Aber während sich die Ritterschaft des Zeitalters der Kreuzzüge so ein Ideal ritterlicher Heiligkeit schuf, lebte im Volke ein anderes Christentum. Handwerker und Bauern träumen nicht von der wunderbaren Schale mitten in feudaler Herrlichkeit. Aber sie finden sich wieder in der schlichten Erzählung von der Heiligen Familie. In ihren Schmerzen, in ihren Nöten betet die Bauernfrau zur Gottesmutter, die ihr Kindlein im Stalle geboren hat, ihren Sohn am Kreuze sterben sehen mußte.

Aber schon beginnt der Frühkapitalismus sein Werk der Umwälzung. Schon sammeln sich Proletarier in den Städten. Da predigt der heilige Franziskus in härenem Gewande, einen Strick um den Leib, von Jesus, dem Heiland der Armen; und bald ziehen

---

[2] Marx-Engels: Das kommunistische Manifest. Seite 27.

Bettelmönche durch die Städte und erzählen den Armen von dem
Gottessohn, der nicht hatte, wohin sein Haupt zu legen.

So gestaltet sich jede Geschichtsepoche, jede Klasse *ihr* Christentum. So schafft der Mensch jeder Geschichtsepoche, jeder
Klasse seinen Gotte nach *seinem* Ebenbild.

Die religiösen Vorstellungen jeder Geschichtsepoche, jeder
Klasse sind das Spiegelbild ihrer besonderen Nöte, Sehnsüchte,
Ideale, das Produkt ihrer besonderen gesellschaftlichen Lebens-
bedingungen.

„Die religiöse Welt ist nur der Reflex der wirklichen Welt", sagt
Marx.[3]

2.3 Die Bourgeoisie und die Religion

A LS IM SCHOSSE DER feudalen Gesellschaft ein wohlhabendes
Bürgertum entstanden war, entwickelte sich in den Han-
delsstädten Englands und Hollands, der Schweiz, Deutschlands
und Frankreichs ein neues, ein *bürgerliches* Christentum. Es hat
seine vollkommenste Gestalt auf dem Boden des Calvinismus
gefunden.

Der Katholizismus betrachtete als das gottgefälligste Leben
das Leben des Mönchs. Die Flucht aus der sündhaften Welt, die
mönchische Askese galt ihm als der sicherste Weg zum Seelenheil.

Der Protestantismus lehrte anders: nicht mönchische Welt-
flucht, sondern Erfüllung der Pflichten in unserer Lebensstellung,
in dem Beruf, zu dem Gott uns berufen hat, ist gottgefälliges Leben.

Der Gott des Katholizismus heischt „gute Werke". Der Gott Cal-
vins fordert nicht Fasten und Bußübungen, sondern ein „heiliges
Leben": ein Leben bürgerlichen Fleißes, bürgerlicher Ehrbarkeit,
bürgerlicher Sparsamkeit.

Und Gottes Gnade erwies sich dem kalvinischen Kaufmann
an dem wirtschaftlichen Erfolg seines bürgerlichen Lebens: wer
ehrbar hohen Profit erlangte, wer den Profit nicht leichtfertig

---

[3] Marx: Das Kapital. I. Volksausgabe. Seite 42.

vergeudete, sondern sparsam zu seinem Vermögen schlug, der war der Gnade Gottes sicher. „God blesses his trade", Gott hat seinen Handel gesegnet. Und stolz zitierte der erfolgreiche Kaufmann die Sprüche Salomonis: „Siehst du einen Mann | rüstig in seinem   15 Geschäft, der wird vor den Königen stehen." (Kapitel 22, Vers 29.)

Und die anderen? Die im Konkurrenzkampf erliegenden? Die Proletarier? Die Sklaven? Gott hat, so antwortet der Calvinismus, vor Begründung der Welt die einen auserwählt, die anderen verdammt. Keines Menschen Anstrengung kann das durch Gottes Gnadenwahl vorbestimmte Schicksal wenden. Wirtschaftlicher Erfolg, in ehrbarem, sparsamem Lebenswandel erworben, gibt Gottes Heiligen die Sicherheit seiner Gnade. Die anderen aber, sie sind die von Gott verdammten. Der Heiligen Pflicht gegen Gott ist es, die Verworfenen, die Feinde Gottes, in strenger Zucht zu halten.[4]

Dieses bürgerliche kalvinische Christentum war die Ideologie der ersten bürgerlichen Revolution, der englischen Revolution des 17. Jahrhunderts. Als die Bürger und freien Bauern Englands das Königtum und seine Staatskirche niederschlugen, aber auch, als sie die sich in ihrem Rücken erhebenden proletarischen Leveller niederwarfen, fühlten sie sich als die Heiligen Gottes, die seine Feinde, die vom Urbeginn Verdammten, besiegten.

Aber das Resultat ihres Sieges war nicht das erträumte Reich Gottes auf Erden, sondern die bürgerlich-kapitalistische Gesellschaftsordnung, die Herrschaft der Bourgeoisie, „die die heiligen Schauer der frommen Schwärmerei, der ritterlichen Begeisterung, der spießbürgerlichen Wehmut in dem eiskalten Wasser egoistischer Berechnung ertränkt" die „an die Stelle der mit religiösen und politischen Illusionen verhüllten Ausbeutung die offene, unverschämte, direkte, dürre Ausbeutung gesetzt"[5] hat. Damit schwand der religiöse Schwung des Puritanismus. An die Stelle des religiösen Enthusiasmus der Revolutionszeit trat in

---

[4] Vgl. Max Weber: Die protestantische Ethik und der „Geist" des Kapitalismus. „Archiv für Sozialwissenschaft". XX/2 und XXI.

[5] Marx-Engels: Das kommunistische Manifest. Seite 17.

der entzauberten Welt die Nüchternheit der bürgerlichen Aufklärungsphilosophie. „Cromwell und das englische Volk hatten dem
Alten Testament Sprache, Leidenschaften und Illusionen für ihre
bürgerliche Revolution entlehnt. Als das wirkliche Ziel erreicht,
als die bürgerliche Umgestaltung der englischen Gesellschaft
vollbracht war, verdrängte Locke den Habakuk",[6] sagt Marx.

In den katholischen und den lutherischen Ländern ging die
Entwicklung einen anderen Weg. Konnte in dem kalvinischen
England das revolutionäre Bürgertum der Staatskirche des König-
tums seine eigenen Kirchen und Sekten, der Staatsreligion seine
eigenen christlichen Bekenntnisse entgegenwerfen, so fand das
revolutionäre Bürgertum in den katholischen und den lutherischen Ländern keine andere Kirche vor als die zum Herrschaftsinstrument des Absolutismus gewordene Staatskirche, kein anderes
Christentum als das der Staatskirche. Konnte in England die bürgerliche Revolution die Form eines Kampfes des puritanischen
Christentums gegen das staatskirchliche Christentum annehmen,
so nahm sie in den katholischen und den lutherischen Ländern
von Anfang an die Form eines Kampfes der bürgerlichen Aufklärungsphilosophie gegen jedes Christentum, gegen alle überkommenen Gestalten der Religion an. Die Bourgeoisie brach mit allen
überlieferten Religionen. Die Große französi- | sche Revolution
stellte dem historischen Christentum den „Kultus des höchsten
Wesens" gegenüber, dem dreieinigen Gott des Christentums die
abstrakte, aller christlichen Bestimmtheit entkleidete „Idee eines
großen Wesens, das über die Unschuld wacht und die Verbrecher
bestraft" (Robbespierre). Der Deismus des revolutionären Bürgertums ließ Gott nur noch als ein himmlisches Polizeiorgan seiner
Gesellschaftsordnung fortleben.

Als in der großen industriellen Revolution die Entwicklung
der Maschine — der Spinnmaschine, der Dampfmaschine, des
mechanischen Webstuhls — das moderne Fabriksystem begrün-

---

[6] Marx: Der 18. Brumaire. Stuttgart 1914. Seite 8. — Locke, das Haupt der engli-
    schen Aufklärungsphilosophie des 17. Jahrhunderts; Habakuk, der Prophet des
    Alten Testaments.

dete, begann die Bourgeoisie, sich die ganze Welt als eine ungeheure Maschinerie vorzustellen. Als die „freie Konkurrenz" des Liberalismus alle feudalen, zünftlerischen, merkantilistischen Schranken sprengte, projizierte das Bürgertum seine „freie Konkurrenz" in das Weltall. Wie in der kapitalistischen Welt der besser ausgerüstete Betrieb den an den Konkurrenzkampf schlechter angepaßten niederkonkurriert, immer nur die bestangepaßten Betriebe überleben und aus diesem Kampf der Betriebe ums Dasein die gewaltige Entfaltung der Produktivkräfte der menschlichen Arbeit hervorgeht, so werden in der Natur immer die an die Umwelt weniger angepaßten Lebewesen ausgemerzt, so geht nach Darwin aus dem Daseinskampf der Lebewesen, aus dem Überlebenden der jeweils Bestangepaßten die Vervollkommnung der Arten hervor. Der Mensch ist nicht mehr der Mittelpunkt des Weltalls, den ein Gott geschaffen hat und für den ein Gott am Kreuze gestorben ist — er ist nur noch das aus dem Daseinskampf der Lebewesen hervorgegangene vollkommenste Tier. Die Anarchie der kapitalistischen Produktionsweise spiegelt sich in der Vorstellung einer von keinem Gotte mehr geleiteten, sich nur im blinden Konkurrenzkampf aller gegen alle entwickelnden Welt. Die Aufklärungsphilosophie des liberalen Bürgertums findet im 19. Jahrhundert in dem atheistischen darwinistischen Materialismus ihren Abschluß.[7]

„Die Tradition aller toten Geschlechter lastet wie ein Alp auf dem Gehirn der Lebenden. Und wenn sie eben damit beschäftigt scheinen, sich und die Dinge umzuwälzen, noch nicht Dagewesenes zu schaffen, gerade in solchen Epochen revolutionärer Krise beschwören sie ängstlich die Geister der Vergangenheit zu ihrem Dienste herauf",[8] sagt Marx. So haben nur die vorgeschrittensten, die kühnsten, die in die heftigsten Kämpfe mit der absolutistisch-feudal-klerikalen Welt verwickelten Schichten des Bürgertums die ganze Entwicklung der bürgerlichen Aufklärungsphilosophie

---

[7] Vgl. Bauer: Das Weltbild des Kapitalismus. „Der lebende Marxismus". Jena 1924. Seite 420 bis 423.

[8] Marx: Der 18. Brumaire. Seite 7.

bis zum atheistischen Materialismus mitgemacht. Breite Schichten des Bürgertums blieben noch immer unter dem Einfluß der überkommenen Religionen und suchten zwischen den religiösen Traditionen und der bürgerlichen Aufklärung Kompromisse zu schließen. Die ganze Geschichte des bürgerlichen Denkens im 18. und 19. Jahrhundert, seiner Philosophie und seiner (protestantischen) Theologie ist eine Geschichte solcher Kompromißversuche. Flut und Ebbe der bürgerlichen Revolution spiegelten sich in dem Maße, in dem sich die aufklärerischen und die traditionell-religiösen Element in diesen Kompromißsystemen miteinander vermengten.

Solange der bürgerliche Liberalismus im Kampfe gegen den Hof, gegen den Adel, gegen die Kirche stand, blieb die Aufklärungsphilosophie im Vormarsch. Die Massen aufzuklären, um
17 sie von der traditionellen Religiosität | zu befreien und dadurch den Klerikalismus, die mächtige Stütze des Feudalismus und des Absolutismus, zu entwurzeln, blieb die Aufgabe.

Das wurde anders, sobald sich im Rücken der liberalen Bourgeoisie die Arbeiterklasse erhob. Je stärker sie wurde, desto mehr wurden die Gegensätze zwischen der Bourgeoisie und der Kirche überwunden durch den gemeinsamen Gegensatz gegen die Arbeiterklasse. Als die Arbeiterklasse der Herrschaft der Bourgeoisie gefährlich wurde, war sich die Bourgeoisie der Kirche in die Arme. Jetzt versteht der Bourgeois: Nur die Macht des Klerikalismus über die Gläubigen kann die Klassenherrschaft der Bourgeoisie gegen den Ansturm des Proletariats schützen. Nun erkennt er es als sein Bedürfnis, das Volk gläubig zu erhalten, damit der Klerikalismus es der Bourgeoisie dienstbar erhalten könne.

Solange die Bourgeoisie gegen Hof, Adel und Kirche kämpfte, war ihre Parole: Aufklärung! Sobald sich die Bourgeoisie gegen die Arbeiterklasse zu verteidigen hat, ist ihre Parole: Dem Volke muß die Religion erhalten bleiben! Sobald aber die Bourgeoisie die Religiosität der Volksmassen als Stütze der bürgerlichen Klassenherrschaft nicht mehr entbehren kann, verändert sich auch die eigene Stellung des Bourgeois zur Religion.

Der Bourgeois glaubt an die Wissenschaft — die Wissenschaft, die die dem Kapital hörigen Produktivkräfte entwickelt. Aber der Bourgeois will dem Volke die Religion erhalten. Seine Ideologen müssen sein Gewissen beruhigen, indem sie beides, Wissenschaft und Religion, in Einklang bringen.

Da rufen die Ideologen der Bourgeoisie die Erkenntnistheorie Kants zu neuem Leben. Da erinnern die Ideologen der Bourgeoisie neue Erkenntnistheorien. Was ist das Gemeinsame aller dieser Erkenntnistheorien?

Sie grenzen das Recht der Wissenschaft ab. Das Vermögen der Wissenschaft reicht nur, soweit die Erfahrung reicht. Was jenseits der Erfahrung liegt, darüber kann sie nichts aussagen. Über Gott, über Willensfreiheit, über die Unsterblichkeit der Seele kann sie nichts aussagen, weder positiv noch negativ. Wo wir nichts mehr wissen können, dort dürfen wir glauben, was unser Gemütsbedürfnis zu glauben heischt.

Die Aufklärungsphilosophie war die Ideologie der aufsteigenden, der revolutionären Bourgeoisie. Die Bourgeoisie, die, durch den Ansturm des Proletariats in die Verteidigungsstellung gedrängt, gegenrevolutionär geworden ist, hat mit der Aufklärungsphilosophie gebrochen. Ihre Ideologie hat den Deismus wie den Materialismus in den Bereich der Trugbilder der Metaphysik verwiesen. Sie schränkt das Recht der Wissenschaft auf den Bereich der Erfahrung ein, in dem sie der kapitalistischen Entwicklung dient. Sie stellt außerhalb des Reiches der Wissenschaft die Religion wieder her — die Religion als „Postulat der praktischen Vernunft".

2.4 Das Proletariat und die Religion

DIE URSPRÜNGLICHE WURZEL der Religion ist die Furcht des Menschen vor unverstandenen, unbeherrschten Naturgewalten: vor der Krankheit, vor dem Tode, vor dem Geheimnis des nächtlichen Urwaldes, vor Blitz und Donnerschlag.

Ohnmächtig, zitternd steht der Mensch den unverstandenen Naturgewalten gegenüber. Er erträgt seine Ohnmacht nicht. Er

sucht sie zu meistern. Der Wilde sucht die feindlichen Naturgewalten mit seinem Zauberwort, seinen Zauberzeremonien zu
bannen. Der Zauber soll die Krankheit verscheuchen, die Geister der Verstorbenen, die die Lebenden im Traume schrecken,
verjagen, die schreckenden Naturgewalten bändigen. |

Aus dem Zauberwort des Wilden wird das Gebet des Kulturmenschen. Mit seinen Gebetworten will er seinem kranken Kinde Heilung, der seiner sterbenden Mutter entweichenden Seele
Schutz vor den bösen Dämonen, seinem Haus, Hof und Feld Schutz
vor dem Wetterschlag erflehen.

Die Entwicklung der Wissenschaft hat den Glauben an die
Macht des Zaubers, an die Macht des Gebets erschüttert. Die
Krankheit, das Wetter — sie verlaufen nach unabänderlichen
Gesetzen; kein Dämon kann, durch unsere Zauberzeremonien geschreckt, kein Gott, durch unsere Gebete erweicht, ihren gesetz-
mäßigen Ablauf ändern. Aber hat die Wissenschaft den Glauben
zerstört, in dem hunderte Generationen Trost in den Stunden der
Furcht und Not gesucht hatten, so hat sie uns dafür die Zuversicht
gegeben, durch Erforschung der Naturgesetze, durch ihre prakti-
sche Verwertung in der Medizin und in der Technik die wirkliche
Macht des Menschen über die feindlichen Naturgewalten immer
mächtiger ausdehnen zu können.

Die Zerstörung jenes alten Glaubens, das Erstarken dieser neu-
en Zuversicht — das war die eigentliche Leistung jener bürgerlichen Aufklärungsphilosophie, die ganze Generationen von Gebildeten von allen überlieferten religiösen Vorstellungen befreit
hat.

Aber die bürgerliche Aufklärungsphilosophie hat auch in der
Zeit ihrer höchsten Blüte immer nur das Denken der gebildeten
Klassen der Nation, des Adels und des gebildeten Bürgertums, zu
beeinflussen vermocht. Arbeiter, Kleinbürger, Bauern machten
dürftige Schulbildung und überlange Arbeitszeit unempfänglich
für die wissenschaftliche Aufklärung. So wirkten im Volke die ur-
alten Motive religiösen Denkens und Fühlens noch ungeschwächt
weiter, als sie im gebildeten Bürgertum unter dem Einfluß der

Wissenschaft und der Aufklärungsphilosophie ihre Kraft eingebüßt hatten.

Der Kapitalismus hat die alten Motive religiösen Denkens und
Fühlens der Volksmassen fortwirken lassen, indem er die Wissenschaft den herrschenden Klassen vorbehielt, die breiten Volksmassen in dem alten Zustand der Unwissenheit erhielt.

Noch mehr! Der Kapitalismus hat die Motive religiösen Denkens und Fühlens der Volksmassen noch verstärkt. Denn war
vordem die Wurzel der Religion die ohnmächtige Furcht des Menschen vor schreckenden Naturgewalten, so hat der Kapitalismus
die arbeitenden Volksmassen dem Walten sozialer Gewalten unterworfen, die den Volksmassen ebenso unverständlich sind, die
die Volksmassen ebensowenig zu beherrschen vermögen, die
über die Schicksale des einzelnen und der Massen ebenso grausam entscheiden wie die Naturgewalten selbst.

Schwerer Sorge voll geht der Arbeiter morgens in die Fabrik.
Man spricht davon, daß der Betrieb eingestellt werden soll. Wird
er heute abend entlassen werden? Daheim sitzt seine Frau und betet: Gott möge dem Manne, dem Vater, dem Ernährer das Schicksal der Arbeitslosigkeit ersparen.

Verzweifelt geht der Arbeitslose, Arbeit suchend, von einem
Fabriktor zum anderen. Daheim sorgt sich sein Mütterlein: Wovon
leben, wenn der Junge keine Arbeit findet? Und sie faltet die
Hände: „Unser täglich Brot gib uns heute!"

Die Keuschlersfrau geht zum Markt. Von Monat zu Monat wird
alles teurer. Am Kreuzweg kniet sie vor dem Bilde der Gottesmutter nieder: „Gib, daß der karge Lohn ausreiche, die Kinder zu
ernähren!" | 19

„Die Planlosigkeit der kapitalistischen Produktionsweise führt
bald Perioden der Teuerung und der Überarbeit, bald Perioden
der Wirtschaftskrise und der Arbeitslosigkeit herbei", sagt das
Linzer Programm. Die unbeherrschten, ungeregelten Bewegungen des Weltmarktes setzen heute die Industrie still und schleudern Millionen aus den Betriebsstätten hinaus, sie treiben morgen die Warenpreise empor und machen damit Millionen das

Notwendigste unerschwinglich. Der gesellschaftliche Zusammenhang zwischen den individuellen Arbeiten, zwischen den einzelnen Betrieben und einzelnen Produktionszweigen wirkt anarchisch in den Katastrophen des Weltmarktes, die über die Massen
als unentrinnbares Schicksal hereinbrechen.

Das Mütterlein betet zu Gott, daß er ihrem Sohne Arbeit und
Brot gebe. Es sind die anarchischen Mächte des Weltmarktes,
die die Massen in die Arbeitslosigkeit schleudern und die sie
wieder in die Arbeitsstätten zurückführen. Der gesellschaftliche
Lebensprozeß selbst setzt, solange er nicht von der Gesamtheit
der arbeitenden Menschen bewußt geregelt und geleitet wird,
seine Notwendigkeiten durch mittels der Bewegungen des Weltmarktes, die Millionen Arbeit und Brot rauben und wiedergeben.
Das Walten des Gottes, den das Mütterlein durch sein Gebet zu erweichen sucht, es ist das Walten des noch unbeherrschten, noch
unverstandenen gesellschaftlichen Lebensprozesses.

Solange die arbeitenden Menschen noch nicht die Produktionsmittel beherrschen, die Arbeit planmäßig auf die einzelnen
Produktionszweige verteilen, den Verbrauch der Produktion, die
Gliederung der Arbeit der Gliederung des Bedarfes, die Vergröße-
rung des gesellschaftlichen Produktionsapparats dem Wachstum
der Bevölkerung noch nicht planmäßig anpassen, so lange können sich die gesellschaftlichen Notwendigkeiten nicht anders
durchsetzen als durch die Katastrophen des Weltmarktes, die wie
blinde Naturgewalten schicksalhaft über die Individuen walten,
deren Ohnmacht diesen Gewalten gegenüber, deren Furcht vor
ihnen immer wieder das religiöse Bedürfnis reproduziert. Die Not
der dem Kapitalismus unterworfenen Massen lehrt sie immer
wieder beten.

Solange es die Arbeiterklasse noch nicht wagte, den Kampf
gegen die kapitalistische Welt aufzunehmen, fand sie in den religiösen Vorstellungen ihren Trost. Harten Herren in dieser Welt
unterworfen, suchte sie Trost im Gebet zu dem allgütigen Herrn
im Himmel. Zu Not und Elend in dieser Welt verdammt, fand sie
Trost in der Hoffnung auf ein besseres Jenseits. Die religiösen Vor-

stellungen machte ihr ihr Schicksal in der kapitalistischen Welt leichter erträglich. In dieser Entwicklungsphase schrieb Marx: „Die Religion ist das Opium des Volkes".[9]

Der Kapitalismus zwingt das Proletariat zur Auflehnung. Aber auch wenn sich das Proletariat schon gegen den Kapitalismus erhebt, kleidet es seine rebellisch gewordenen Gedanken, seine ersten revolutionären Forderungen noch in das Gewand der überkommenen Religion. Ketzerische christliche Sekten wie die Waldenser, die Begharden, die Lollharden, die Taboriten, die Wiedertäufer, die auszogen, gegen die Welt der Reichen das „wahre Wort Gottes" zu verfechten, waren die Vorläufer des modernen Sozialismus. Und auch heute noch können wir beobachten, wie gern Forstarbeiter, Keuschler, in entlegenen Tälern lebende Bergleute, wenn ihr Klassenbewußtsein zu erwachen beginnt, an die mammonsfeindlichen Sätze der Evangelien anknüpfen. Immer noch, immer wieder verknüpft sich erwachenden Proletariern | 20 die Verheißung des Sozialismus mit dem Evangelium: „Die ersten werden die letzten und die letzten werden die ersten sein ..." „Die Religion ist das Opium des Volkes", solange das Volk die Herrschaft des Kapitalismus kampflos erträgt; aber die Religion gibt auch den ersten ursprünglichsten Rebellionen des Proletariats gegen den Kapitalismus ihre Ideologie.

Aber indessen hat schon eine neue Entwicklung eingesetzt, die breite Schichten des Proletariats von der Religion losgerissen hat.

Der Kapitalismus hat breite Proletariermassen von der Scholle ihrer Väter losgerissen und sie in schnell anschwellenden Großstädten und Industriegebieten zusammengeballt. Er schleudert sie von Stadt zu Stadt, von Land zu Land im Wechsel seiner Konjunkturen. Er unterwirft sie dem Einfluß des großstädtischen Lebens: seiner sich ständig umwälzenden Technik, seinen ständig schwankenden Moden, seinen täglichen Sensationen. Er wälzt ständig ihre Daseinsbedingungen um. Er reißt sie damit heraus

---

[9] Marx: Zur Kritik der Hegelschen Rechtsphilosophie. „Aus dem literarischen Nachlaß von Marx, Engels und Lassalle". I. Band. Seite 385.

aus dem Banne des Ewiggestrigen, das „immer war und immer wiederkehrt und heute gilt, weil es gestern hat gegolten". So macht er sie fähig, sich, wie von allen ihren anderen Traditionen, auch von der traditionellen Religion zu befreien.

Der Kapitalismus stellt den Arbeiter mitten hinein in die Maschinerie des Großbetriebes. In seinem Arbeitsprozeß selbst, an der ständig vervollkommneten Maschine erlebt der Arbeiter den Triumph der modernen Naturwissenschaft. So wird er empfänglich für naturwissenschaftliches Denken. Mit der Verbesserung der Volksschule, mit der Verkürzung der Arbeitszeit eignet er sich immer mehr von den Ergebnissen moderner Wissenschaft an.

Der Kapitalismus zwingt den Arbeiter zum Klassenkampf. Aber im Klassenkampf stößt der Arbeiter auf den Klerus als den Anwalt seines Klassengegners. Der Arbeiter überträgt seinen Haß gegen den Geistlichen auf die Religion selbst, in deren Namen der Geistliche die bürgerliche Gesellschaftsordnung verteidigt.

So fallen breite Schichten von der Religion ab. Sie eignen sich die religionsfeindliche Aufklärungsphilosophie des Zeitalters der bürgerlichen Revolution in ihrer letzten, konsequentesten, revolutionärsten Form, den atheistischen Materialismus an. Im industriellen Proletariat entwickelt sich das Freidenkertum. So kämpfen nun Religion und Freidenkertum um die Gehirne der Arbeiter. Der Erfolg dieser Kämpfe ist in verschiedenen Ländern verschieden.

In England, wo schon das Bürgertum in der Zeit seiner Revolution seine Kirchen und Sekten der Staatskirche entgegengestellt, wie die bürgerliche Revolution schon im 17. Jahrhundert die Glaubens- und Gewissensfreiheit für alle protestantischen Glaubensbekenntnisse erkämpft hat, ist auf kalvinischer und täuferischer Basis eine Fülle christlicher Kirchen und Sekten entstanden. Im Wettbewerb um die Seelen mußten sich diese Kirchen der Denkweise und den Gemütsbedürfnissen der Arbeitermassen anzupassen suchen. So fand dort das Proletariat Glaubensgemeinschaften vor, die ihr Christentum den seelischen Bedürfnissen der Arbeiter angepaßt hatten. Daher hat das unchristliche, antichristliche Freidenkertum in den englischen Arbeitermassen nicht Wurzel zu fassen vermocht. Die englische Arbeiterbewegung hat sich nie in Gegensatz gegen das Christentum gesetzt, sie knüpft vielmehr gern an die christliche Ethik an.

Anders auf dem Festland, wo die Massen kein anderes Christentum als das der Staatskirche kannten. In Frankreich hat die Tradition der Großen Revolution den Sozialismus eng mit dem Freidenkertum verknüpft. Ähnlich ist es jetzt in Rußland. Die russische orthodoxe Kirche war dem Volke als | Machtinstru- 21 ment des Zarismus verhaßt. Ihr Klerus hat die ganze Entwicklung, die der katholische Klerus in der Zeit der Kämpfe der Kirche mit dem Liberalismus durchmachen mußte, nie durchgemacht. Hat der katholische Klerus West- und Mitteleuropas in der Zeit der Entstehung der klerikalen Massenparteien die bürgerlich-bäuerlichen Massen organisieren, in ihren Organisationen wichtige gesellschaftliche Funktionen übernehmen, sich mit ihren weltlichen Bedürfnissen vertraut machen müssen, so blieb der Klerus der russischen orthodoxen Kirche unter der Herrschaft des zarismus dem weltlichen Leben der Volksmassen viel ferner. Der russische orthodoxe Pope ist ein unwissender Trunkenbold, den der Bauer als Spender der Sakramente braucht wie der Wilde den der Zauberzeremonien kundigen Medizinmann, der aber nicht die Achtung seines Dorfes genießt und auf das außerkirchliche Leben des Dorfes keinen Einfluß hat. Die Verbreitung eines aggressiven religionsfeindlichen Freidenkertums stieß daher in der Russischen Revolution auf vergleichsweise schwache Widerstände.

Aber auch innerhalb des Proletariats desselben Landes bleibt das Verhältnis verschiedener Schichten des Proletariats zur Religion sehr verschieden.

Der geistig vorgeschrittene Kern des industriellen Proletariats ist in Österreich der eigentliche Träger des Freidenkertums. Die große Macht der katholischen Kirche, ihr festes Bündnis mit der Bourgeoisie, die offensichtliche Tatsache, daß nur die Macht der

Kirche über die Gläubigen der Bourgeoisie noch die Herrschaft im Staat erhält, erfüllt zehntausende Arbeiter mit leidenschaftlichem Haß gegen die Religion, deren sich die Kirche bedient, die Massen unter der Herrschaft der Bourgeoisie zu erhalten.

Aber in den Dörfern sehen wir ein ganz anderes Bild. Der landwirtschaftliche Arbeiter, der Häusler, der Kleinbauer — sie bearbeiten jahraus, jahrein dieselbe Scholle, die ihre Ahnen bearbeitet haben; der Kapitalismus hat ihre Daseinsbedingungen nicht in gleichem Maße umgewälzt wie die Daseinsbedingungen der Massen, die er von der Scholle gerissen und in seinen Industriegebieten konzentriert, den täglichen Sensationen des großstädtischen Lebens preisgegeben hat. In altüberlieferter Weise in dem ereignisarmen Heimatdorf fortlebend, bleiben sie viel stärker als die Industriearbeiter unter dem Einfluß der alten Überlieferung. Sie sind nicht, wie die Arbeiter des industriellen Großbetriebes, eingespannt in die durch die Taten der Technik täglich umgewälzte Maschinerie; so bleiben sie viel weniger empfänglich für technisches, physikalisches, materialistisches Denken. Die einklassige Schule des Dorfes vermittelt ihnen nur sehr dürftiges Wissen; so bleiben sie wissenschaftlicher Aufklärung schwer erreichbar. So bleiben die proletarischen Massen des Dorfes unter dem Einfluß der überlieferten Religion.

Die Dörfer aber entsenden alljährlich Tausende in die Städte und Industrieorte. Der Landarbeiter, der Bauernsohn, die in die Stadt kommen, können damit nicht sofort die Nabelschnur zerreißen, die sie an die Ideologie des Heimatdorfes bindet. Viele verharren weiter in der Großstadt in der Denkweise des Heimatdorfes; erst ihre in der Stadt geborenen Kinder reißen sich von dem Glauben des Dorfes los. Andere vergessen wohl im lärmenden Alltag des städtischen Lebens die Religion ihrer Heimat; aber an allen Wendepunkten ihres Lebens, bei der Heirat, bei der Geburt ihres Kindes, am Grabe eines ihrer Lieben wollen sie doch religiöse Feierlichkeit nicht entbehren, und in Stunden der Not, der Verzweiflung erinnern sie sich doch wieder des Gottes ihrer Kindheit. So lebt nicht nur auf dem Lande ein religiös gestimmtes

Proletariat; auch in den großen Städten und Industrie- | gebieten   22
ist das religiöse Bedürfnis breiter proletarischer Massen nicht
erstorben.

Die modernen Erkenntnistheorien haben die Wissenschaft und
die Religion gegeneinander abgegrenzt. Außerhalb der Wissenschaft, die nichts anderes sein kann als Sammlung, Ordnung,
Bearbeitung der Erfahrung, haben sie das Recht auf eine Religion
festgestellt, die, Vorstellung davon, was menschlicher Erfahrung
verschlossen ist, mit der Wissenschaft nicht in Widerspruch ge-
raten kann, weil sie sich jedes Urteils darüber, was im Reich der
Erfahrung liegt, enthält. Aber die Religion, die sich in breiten proletarischen Volksmassen erhält, ist von jener philosophischen
Religion, deren Daseinsrecht die modernen Erkenntnistheorien
feststellen, grundverschieden. Selbst die Dogmatik der katholischen Theologie bescheidet sich ja keineswegs mit Vorstellungen davon, was jenseits aller Erfahrung und darum jenseits der
Wissenschaft liegt. In der Religion der Volksmassen aber leben,
mit christlichen, katholischen Elementen vermengt, religiöse
Vorstellungen aus der Urzeit der Menschheit fort: der Dämonen-
glaube und die Zaubermythen der Wilden, der Totemismus, der
Animismus, der Fetischismus längst überholter Entwicklungs-
epochen der Menschheit.[10] Wie in den Proletarierwohnungen
uralter Hausrat fortlebt, die Errungenschaften moderner Innen-
architektur, moderner Haushaltstechnik, modernen Komforts
ihnen versagt bleiben, so leben auch im geistigen Haushalt breiter proletarischer Schichten uralte Mythen weiter, die die geistige
Entwicklung der Menschheit längst überholt hat. Es gibt nicht
nur ein materielles, es gibt auch ein religiöses Elend.

In den protestantischen Ländern, wo die liberale Theologie,
ein Kompromißgebilde überlieferter Religiosität mit moderner
bürgerlicher Wissenschaft, ein bürgerlicher Denkweise angepaß-

---

[10] Wir sprechen von dem katholischen Christentum als der in Österreich verbrei-
teten Religion. Aber dasselbe gilt von allen überlieferten Religionen. So ist
zum Beispiel das Judentum an aus der Urzeit der Menschheit überlieferten
primitivsten totemistischen Vorstellungen noch reicher als das Christentum.

tes Christentum hervorgebracht hat, mag echte Religiosität auch in der Bourgeoisie nicht selten sein. Wo, wie bei uns, die starrere katholische Kirche herrscht, die den „Modernismus" in seinen Anfängen schon erwürgt hat, ist sie seltener. Seitdem es die Bourgeoisie als ihr Klasseninteresse erkannt hat, daß dem „Volke die Religion erhalten bleibe", heischt es wohl auch hier wieder die Sitte, der „gute Ton", daß sich der Bourgeois religiös zeige; aber selten ist echtes religiöses Bedürfnis, viel häufiger bloße gesellschaftliche Konvention das Motiv seiner religiösen Gebärden. Unsere Bourgeoisie ist christlichsozial, aber nicht christlich. Ungleich häufiger ist echte ungeheuchelte Religiosität in der Arbeiterschaft — nicht nur in der ländlichen Arbeiterschaft, sondern auch in den von der Überlieferung des Heimatdorfes noch nicht ganz losgerissenen Schichten der städtischen, der industriellen Arbeiterschaft. Die große Kindersterblichkeit in den Proletarierwohnungen, das Wüten der Tuberkulose, die tägliche Unsicherheit der Existenz, die ständige Abhängigkeit des Proletarierdaseins vom blinden Spiel des Weltmarktes, das harte Leben der Proletarierfrau — all das füllt das Leben vieler Arbeiter, das Leben vieler Arbeiterfamilien zumal mit Erlebnissen, die ihr religiöses Bedürfnis nicht ersterben lassen. „Das religiöse Elend", sagt Marx, „ist in einem der Ausdruck des wirklichen Elends und in einem die Protestation gegen das wirkliche Elend".[11] |

23

2.5 Der wissenschaftliche Sozialismus und die Religion

ALS DIE LIBERALE BOURGEOISIE im Kampfe gegen den Feudaladel und die Kirche lag, war ihre Parole: Aufklärung! Die bürgerliche Aufklärung betrachtete die Religion als das Resultat bewußten Betruges der Priester, die das unwissende Volk irregeführt hätten, um es beherrschen zu können. Sie glaubte, es genüge, das Volk aufzuklären, um es von der Religion und damit auch von der Herrschaft der Priester zu befreien.

---

[11] Marx: Zur Kritik der Hegelschen Rechtsphilosophie. Seite 382.

Aber während die liberale Bourgeoisie nach Aufklärung schrie, erhielt die Gesellschaftsordnung der Bourgeoisie die Arbeitermassen im Zustand der Not, der ständigen Unsicherheit der Existenz, der dürftigen Volksschulbildung, der überlangen Arbeitszeit, — in einem Zustand, der das Volk unempfänglich machte für die Aufklärung. An der kapitalistischen Ausbeutung fand die bürgerliche Aufklärung ihre unüberwindliche Schranke.

Der wissenschaftliche Sozialismus übertrug diese seine Erkenntnis auf die ganze Weltgeschichte. „Die Produktionsweise des materiellen Lebens", sagt Marx, „bedingt den sozialen, politischen und geistigen Lebensprozeß überhaupt. Es ist nicht das Bewußtsein der Menschen, das ihr Sein, sondern umgekehrt, ihr gesellschaftliches Sein, das ihr Bewußtsein bestimmt." „Mit der Veränderung der ökonomischen Grundlage wälzt sich der ganze ungeheure Überbau um", mit den wirtschaftlichen Lebensbedingungen der Menschen verändern sich ihre juristischen, politischen, religiösen, künstlerischen, philosophischen Vorstellungen.[12]

Mit dieser Erkenntnis — der Erkenntnis der sogenannten materialistischen Geschichtsauffassung — war eine neue Auffassung der Religion gewonnen. Die Religion ist dem wissenschaftlichen Sozialismus nicht, wofür sie der Liberalismus hielt, bloßer Pfaffentrug, der durch bloße Aufklärung überwunden werden könne, sondern das Spiegelbild der jeweiligen wirtschaftlichen und sozialen Lebensbedingungen der Menschen — ein Teil jenes ideologischen „Überbaues", der nur in dem Maße umgewälzt wird, als sich seine „ökonomische Grundlage" verändert. „Alle Religionsgeschichte", sagt Marx, „die von dieser materiellen Grundlage absieht, ist unkritisch … Aus den jedesmaligen wirklichen Lebensverhältnissen ihre verhimmelten Formen zu entwickeln, ist die einzig materialistische und daher wissenschaftliche Methode."[13]

---

[12] Marx: Zur Kritik der politischen Ökonomie. Stuttgart 1907. Seite LV.
[13] Marx: Das Kapital. I. Seite 317.

Als der Liberalismus im Kampfe gegen den Klerikalismus stand, sagte er dem Volke: Euer „Köhlerglaube", der den Pfaffen ermöglicht, euch zu beherrschen, ist die Ursache eures Elends; befreit euch von der Religion, so werdet ihr auch politisch, sozial, wirtschaftlich frei! Der Sozialismus antwortete: Nein, die Religion ist selbst eine Folge, eine Erscheinungsweise der wirtschaftlichen und sozialen Unfreiheit, in der die liberale Bourgeoisie euch nicht weniger erhalten will als der klerikale Adel; erst wenn ihr in eurem weltlichen Dasein euch befreit, erst wenn ihr die Macht der Herren eures Wirtschaftslebens brechet, könnt ihr auch geistig frei werden. So schrieb Marx: |

24

> Die Religion gilt uns nicht mehr als der Grund, sondern als das Phänomen[14] der weltlichen Beschränktheit. Wir erklären daher die religiöse Befangenheit der freien Staatsbürger aus ihrer weltlichen Befangenheit.
>
> Wir behaupten nicht, daß sie ihre religiöse Beschränktheit aufheben müssen, um ihre weltlichen Schranken aufzuheben. Wir behaupten, daß sie ihre religiöse Beschränktheit aufheben, sobald sie ihre weltlichen Schranken aufheben.
>
> Wir verwandeln nicht die weltlichen Fragen in theologische. Wir verwandeln die theologischen Fragen in weltliche.[15]

Der liberale Bourgeois glaubte, innerhalb der kapitalistischen Welt das Volk von seiner herkömmlichen Religion losreißen zu können. Marx hat uns gelehrt, daß gerade die kapitalistische Welt das religiöse Bedürfnis der Volksmassen immer wieder reproduziert. Er hat uns gelehrt, daß die ohnmächtige Abhängigkeit der Volksmassen von unbeherrschten sozialen Gewalten, ihre ohnmächtige Abhängigkeit von dem grausamen Walten des Welt-

---

[14] Phänomen = Erscheinung.
[15] Marx: Zur Judenfrage. „Aus dem literarischen Nachlaß". I. Seite 405.

marktes, mittels dessen sich in der anarchischen Welt des Kapitals die Notwendigkeiten des gesellschaftlichen Lebensprozesses anarchisch durchsetzen, der Massenreligion ihre Fortdauer in der kapitalistischen Gesellschaft verbürgt. Und aus dieser Erkenntnis zog Marx den Schluß:

> Der religiöse Widerschein der Welt kann überhaupt nur verschwinden, sobald die Verhältnisse des praktischen Werktagslebens der Menschen tagtäglich durchsichtig vernünftige Beziehungen zueinander und zur Natur darstellen. Die Gestalt des gesellschaftlichen Lebensprozesses, das heißt des materiellen Produktionsprozesses, streift nur ihren mythischen Nebelschleier ab, sobald sie als Produkt frei vergesellschafteter Menschen unter deren bewußter planmäßiger Kontrolle steht.[16]

Erst wenn die Gesamtheit der Arbeitenden des gesellschaftlichen Produktions- und Verteilungsprozeß bewußt und planmäßig zu regeln vermögen wird, erst wenn die Menschen daher nicht mehr von unverstandenen und unbeherrschten sozialen Gewalten beherrscht sein werden, werden sie diese Gewalten nicht mehr in den Himmel projizieren. In demselben Sinne schrieb Friedrich Engels:

> Alle Religion ist nichts anderes als die phantastische Widerspiegelung in den Köpfen der Menschen derjenigen äußeren Mächte, die ihr alltägliches Dasein beherrschen, eine Widerspiegelung, in der die irdischen Mächte die Form von überirdischen annehmen. In den Anfängen der Geschichte sind es zuerst die Mächte der Natur, die diese Rückspiegelung erfahren und in der weiterer Entwicklung bei den verschiedenen Völkern die mannigfachsten und buntesten Personifikationen durchmachen ... Aber bald

---

[16] Marx: Das Kapital. I. Seite 43.

treten neben den Naturmächten auch gesellschaftliche Mächte in Wirksamkeit, Mächte, die den Menschen ebenso fremd und im Anfang ebenso unerklär-
lich gegenüberstehen, sie mit derselben scheinba-
ren Naturnotwendigkeit beherrschen wie die Natur-
mächte selbst. Die Phantasiegestalten, in denen sich
anfangs nur die geheimnisvollen Kräfte der Natur
widerspiegelten, erhalten damit gesellschaftliche At-
tribute, werden Repräsentanten gesellschaftlicher
Mächte ... Wir haben gesehen, daß in der heutigen
bürgerlichen Gesellschaft die Menschen von den von
ihnen selbst geschaffenen ökonomischen Verhältnissen, von den von ihnen selbst produzierten Produkti-
onsmitteln wie von einer fremden Macht beherrscht
werden. Die tat- | sächliche Grundlage der religiösen
Reflexaktion dauert also fort und mit ihr der religiöse Reflex selbst ... Es heißt noch immer: der Mensch
denkt und Gott (das heißt die Fremdherrschaft der
kapitalistischen Produktionsweise) lenkt. Die bloße
Erkenntnis, und ginge sie weiter und tiefer als die
der bürgerlichen Ökonomie, genügt nicht, um gesellschaftliche Mächte der Herrschaft der Gesellschaft
zu unterwerfen. Dazu gehört vor allem eine gesellschaftliche Tat. Wenn diese Tat vollzogen, wenn die
Gesellschaft durch Besitzergreifung und planvolle
Handhabung der gesamten Produktionsmittel sich
selbst und alle ihre Mitglieder aus der Knechtung
befreit hat, in der sie gegenwärtig gehalten werden
durch diese von ihnen selbst produzierten, aber ihnen als übergewaltige fremde Macht gegenüberste-
henden Produktionsmittel, wenn der Mensch also
nicht mehr bloß denkt, sondern auch lenkt, dann erst
verschwindet die letzte fremde Macht, die sich jetzt
noch in der Religion widerspiegelt, und damit verschwindet auch die religiöse Widerspiegelung selbst,

25

aus dem einfachen Grund, weil es dann nichts mehr widerzuspiegeln gibt.[17]

Marx und Engels lehren uns also: Solange die Menschen abhängig sind von dem blinden Spiel der Kräfte auf dem kapitalistischen Markte, das als allmächtiges Schicksal über den ohnmächtigen Individuen waltet, personifizieren sie dieses Schicksal in ihrer Gottheit und suchen sie es zu erweichen durch ihr Gebet. Daher können, solange die kapitalistische Gesellschaftsordnung besteht, die historischen Massenreligionen nicht überwunden werden. Sie können nicht überwunden werden durch bloße Verbreitung von Erkenntnissen, sondern nur durch Umwälzung der gesellschaftlichen Lebensbedingungen der Menschen. Erst in einer sozialistischen Gesellschaft werden die Menschen nicht mehr ohnmächtig von der schicksalhaften Macht des Marktes beherrscht sein, sondern ihr gesellschaftliches Schicksal bewußt gestalten. Erst in einer sozialistischen Gesellschaft werden sie daher kein Bedürfnis mehr empfinden, sich ihr Schicksal zu einem Gott zu personifizieren und es durch Gebete zu erweichen. Erst in einer sozialistischen Gesellschaft werden daher die historischen Massenreligionen überwunden werden.

Wie werden sie überwunden werden? Wird die sozialistische Gesellschaft die Religion durch das Verbot religiöser Erziehung und religiöser Kulthandlungen zu unterdrücken suchen? Marx und Engels haben solche Vorstellungen immer schroff abgelehnt. Als 1874 die blanquistischen Kommuneflüchtlinge nach dem Vorbild der Großen Revolution religionsfeindliche Dekrete in ihr Programm aufnahmen, antwortete ihnen Friedrich Engels: „Verfolgungen sind das beste Mittel, mißliebige Überzeugungen zu befördern. Der einzige Dienst, den man Gott heutzutage noch tun kann, ist der, den Atheismus zum zwangsmäßigen Glaubensartikel zu erklären."[18] Und als Eugen Dühring in seine Zukunftsutopie reli-

---

[17] Engels: Herrn Eugen Dührings Umwälzung der Wissenschaft. Stuttgart 1901. Seite 342 bis 344.

[18] Engels: Internationales aus dem „Volksstaat". Berlin 1894. Seite 44.

gionsfeindliche Maßnahmen aufnahm, höhnte Engels: „Er hetzt
seine Zukunftsgendarmen auf die Religion und verhilft ihr damit
zum Märtyrertum und zu einer verlängerten Lebensfrist."[19] Ganz
anders stellten sich Marx und Engels die Überwindung der historischen Massenreligionen vor. Sie meinten: Das Bedürfnis der
Menschen nach religiösen Vorstellungen und Kulthandlungen
geht aus den wirtschaftlichen und sozialen Bedingungen hervor,
unter denen die Menschen leben. Menschen, die in einer bereits
entwickelten sozialistischen Gesellschaft herangewachsen | sein
werden, werden dieses Bedürfnis nicht mehr empfinden. Die sozialistische Gesellschaft wird niemand seine Religion „rauben",
niemand verbieten, in voller Freiheit nach seiner Religion zu leben; aber die Menschen einer sozialistischen Gesellschaft, von
der Not und der Unsicherheit der Existenz befreit, werden unter
Bedingungen leben, unter denen das Bedürfnis nach religiösen
Vorstellungen allmählich schwinden wird. So wird die Religion
„ihres natürlichen Todes versterben".[20]

In diesem Sinne hat es Marx als eine Aufgabe des Sozialismus
bezeichnet, „die Gewissen vom religiösen Spuk zu befreien".[21]
Marx glaubte nicht, wie die bürgerliche Aufklärung, daß man die
Menschen der kapitalistischen Gesellschaft durch bloße aufklä-
rende Propaganda von dem „religiösen Spuk" befreien könne. Es
ist einer der Grundgedanken des Marxschen Sozialismus, daß die
religiöse Massenideologie erst mit der Umwälzung ihrer „ökonomischen Grundlage" umgewälzt werden kann; daß sich die Menschen erst dann vom „religiösen Spuk" befreien werden, wenn sie
aus ihrer Abhängigkeit von den elementar wirkenden Gewalten
der kapitalistischen Gesellschaftsordnung erlöst, wenn sie ihren
gesellschaftlichen Lebensprozeß bewußt zu regeln imstande sein
werden.

[19] Engels: Anti-Dühring. Seite 344.
[20] Engels: Anti-Dühring. Seite 344.
[21] Marx: Randglossen zum Programm der deutschen Arbeiterpartei. Neue Zeit.
IX. Seite 1.

Marx glaubte nicht, wie Jakobiner und Blanquisten, daß der Sozialismus den „religiösen Spuk" durch Unterdrückung der religiösen Erziehung, der religiösen Propaganda, des religiösen Kultus verscheuchen könne und solle; er hat uns vielmehr gelehrt, daß der „religiöse Spuk" nur dann verschwinden kann und erst dann verschwinden wird, wenn die Menschen in wirtschaftlichen und sozialen Verhältnissen leben werden, in denen ihr Bedürfnis nach religiösen Vorstellungen allmählich schwinden wird.

Dies ist die Lehre Marxens und Engels'. Aber ist diese Lehre richtig? Erst die sozialistische Gesellschaft wird jedem die freie Entfaltung seiner Persönlichkeit ermöglichen. Die sozialistische Gesellschaft wird also die Menschen nicht nivellieren, sondern differenzieren. Werden nicht die individuellen Weltanschauungen der Menschen in einer sozialistischen Gesellschaft so verschieden sein, wie ihre individuellen natürlichen Anlagen, wie die individuellen geistigen Bedürfnisse von Kulturmenschen verschieden sind? Gewiß werden in einer sozialistischen Gesellschaft Menschen leben, die kein anderes Weltbild suchen als das, das die Wissenschaft uns vermittelt, und keine andere Unsterblichkeit als die, die jedem von uns seine individuelle Arbeit am kollektiven Besitz der Menschheit, am Erbe der künftigen Generationen verleiht. Aber wird es nicht auch in einer sozialistischen Gesellschaft Menschen geben, die an der Bahre der Mutter, am Sarge eines verunglückten Kindes, am Grabe eines durch tückisches Ungefähr vorzeitig dahingerafften Genies die Stunde der Ergriffenheit ob der blind waltenden Macht der Naturkausalität erleben, — der Ergriffenheit, die im Glauben an eine unserer Erfahrung verborgene Vernünftigkeit der Welt, an einen unserem Wissen verschlossenen Sinn des Weltgeschehens ihre Lösung sucht? Wird sich dieser Glaube nicht in philosophischer Bedeutung, in metaphysischen Wunschbildern, in symbolischer Hingabe an das Unerkennbare zu vergegenständlichen suchen? Wird nicht, wenn die Bürger der Gesellschaft der Zukunft von den historischen Religionen alles abstreifen, was an ihnen bloßer Reflex der Lebensbedingungen

27 der Massen in der Klassengesellschaft ist, dadurch erst bloß- |
gelegt werden, was an der Religion nicht zeitlich, nicht sozial
bedingt, sondern von den gesellschaftlichen Lebensbedingungen unabhängiges Bedürfnis der Menschenseele ist? Wird nicht,
wenn die Religionen absterben, die die Pfarrer, die Pastoren, die
Rabbiner lehren, das Bewußtsein erst frei werden für Religion im
Sinne der Philosophen? Es ist der Marxist Max Adler, der diese
Fragen stellt und nachdrücklich bejaht.[22]

Gewiß werden die individuellen Weltanschauungen der Menschen der kommenden Gesellschaft verschieden sein. Der wissenschaftliche Sozialismus kann nicht und will nicht voraussagen,
wie sich die Menschen kommender Jahrhunderte ihre Weltbilder
gestalten werden. Was Marx und Engels uns lehren, ist nur dies:
Die religiösen Vorstellungen, die heute in den Massen des Volkes leben, sind ein Spiegelbild der wirtschaftlichen und sozialen
Lebensbedingungen dieser Volksmassen. Der Sozialismus, der
die wirtschaftlichen und sozialen Lebensbedingungen der Volksmassen umwälzen wird, wird damit auch ihre Weltanschauung
umwälzen. Die sozialistische Gesellschaft wird die Menschen von
der täglichen Angst um Arbeit und Brot befreien. Sie wird sie
zu Herren ihres gesellschaftlichen Lebensprozesses machen. Sie
wird die Wissenschaft, die heute ein Monopolbesitz einer Minderheit ist, dem ganzen Volke zugänglich machen. Wie immer
sich die Menschen dann ihre individuellen Weltanschauungen
gestalten mögen, in jedem Falle werden diese Weltanschauungen frei sein von denjenigen religiösen Massenvorstellungen,
deren Wurzel die tägliche Angst um Arbeit und Brot, deren Wesen die Projektion unbeherrschter gesellschaftlicher Gewalten
in den Himmel ist, deren Dogmen über das Weltgeschehen in
Widerspruch stehen zu den Ergebnissen der Wissenschaft und
deren Ethik eine Moral von Beherrschten, von Ausgebeuteten,
von Demütigen ist.

Diese Lehre des wissenschaftlichen Sozialismus ist in unser
Parteiprogramm übergegangen. Der Abschnitt des Linzer Pro-

[22] Max Adler: Das Soziologische in Kants Erkenntniskritik. Wien 1924.

gramms, der von unserem Verhältnis zur Religion und zur Kirche
handelt, beginnt mit folgenden Sätzen:

> Der Kapitalismus erhält breite Massen des Volkes im
> Zustand des Elends, der Unwissenheit, der Unterwür-
> figkeit. Dieser Zustand bestimmt auch die religiösen
> Anschauungen dieser Volksmassen.

> Erst in einer Gesellschaftsordnung, die das ganze
> Volk von Elend und Unwissenheit erlöst, die die Er-
> rungenschaften der Wissenschaft einem jeden zu-
> gänglich macht und jeden zum gleichberechtigten
> Glied der von der Klassenherrschaft befreiten Volks-
> gemeinschaft erhebt, wird jeder einzelne fähig sein,
> seine Weltanschauung in voller Freiheit in Einklang
> zu bringen mit den Ergebnissen der Wissenschaft
> und mit der sittlichen Würde eines freien Volkes.

> Eine solche Gesellschaftsordnung zu erkämpfen ist
> die Aufgabe der Sozialdemokratie.

Wie die Herrschaft der Kirche über Volk und Staat nur noch
gebrochen werden kann durch den Sieg des Proletariats über
die Bourgeoisie, so kann die Fähigkeit der Volksmassen, die ihnen als Erbe von Jahrtausenden überkommenen religiösen Vorstellungen in wahrer geistiger Freiheit zu überprüfen und zu
überwinden, nur dann errungen werden durch die Überwindung
der kapitalistischen, durch den Aufbau der sozialistischen Gesell-
schaftsordnung. | 28

Partei und Religion

∽

3.1 Parteisache oder Privatsache?

I̲M STURME DER REVOLUTION von 1918 hat die Arbeiterklasse, von der Sozialdemokratie geführt, der Bourgeoisie die demokratische Republik aufgezwungen. Aber die Bourgeoisie hat es verstanden, sich der Herrschaft in der demokratischen Republik zu bemächtigen. Obwohl sie nur eine Minderheit des Volkes ist, beherrscht die Bourgeoisie die Republik, in der die Volksmehrheit die Mehrheit der Volksvertretung wählt und dadurch die Regierung einsetzt.

Wie kann die Bourgeoisie die demokratische Republik beherrschen? Sie kann nur darum die Republik beherrschen, weil bei jeder Wahl hunderttausende Arbeiter und Arbeiterfrauen, Angestellte und kleine Beamte, kapitalshörige Handwerksmeister und Kleinbauern den bürgerlichen Parteien ihre Stimme geben, — den Parteien, durch die die Bourgeoisie ihre Herrschaft ausübt.

Durch welche Mittel hält die Bourgeoisie diese Hunderttausende proletarischer Wähler und Wählerinnen in ihrer Gefolgschaft? Das wichtigste dieser Mittel ist der Appell an die religiösen Traditionen und Gefühle dieser proletarischen Wählermassen.

Der Kampf zwischen der Sozialdemokratie und den bürgerlichen Parteien ist der Klassenkampf zwischen der Arbeiterklasse und der Bourgeoisie. Aber die Bourgeoisie muß das Wesen dieses Kampfes verhüllen, um hunderttausende Proletarier in ihrer Gefolgschaft erhalten und sich auf sie gegen das kämpfende Proletariat stützen zu können. Sie muß den Klassenkampf in religiöse Hülle kleiden, um die religiös fühlenden Schichten des Proletariats in ihrem Troß erhalten zu können. Die Bourgeoisie muß daher den Klassenkampf zwischen ihr und dem Proletariat verkleiden als einen Kampf zwischen Christen und den Gottesleugnern.

Die bürgerlichen Parteien verteidigen die kapitalistische Gesellschaftsordnung. Aber sie erhalten hunderttausende Proletarier in ihrer Gefolgschaft, indem sie ihnen sagen: Wir verteidigen die Grundsätze des Christentums.

Die bürgerlichen Parteien verteidigen die Herrschaft der Bourgeoisie. Aber sie können ihre Herrschaft nur behaupten, indem sie sie maskieren als Herrschaft der Religion.

Die bürgerlichen Parteien verteidigen die Profite der Kapitalisten und die Rente der Grundherren. Aber sie maskieren den Kampf um die Profite als den Kampf um das ewige Seelenheil.

Die bürgerlichen Parteien benützen den Glauben hunderttausender Proletarier an ihren Herrn im Himmel, um diese Proletarier in der Gefolgschaft ihrer irdischen Herren zu erhalten. | 29

Das ist das Wesen des modernen Klerikalismus. Er verwandelt, wie Marx sagt, „die weltlichen Fragen in theologische" — den Klassenkampf zwischen Bourgeoisie und Proletariat in den Weltanschauungskampf zwischen Christen und Gottlosen. Er macht die Religion zur Parteisache, um die religiös fühlenden Proletarier in der Gefolgschaft der Bourgeoispartei zu erhalten.

Der Klerikalismus macht die Religion zur Parteisache der Partei der Bourgeoisie, um auf die Religion der Volksmassen die Herrschaft der Bourgeoisie zu stützen.

„Die Hypothek, welche der Bauer auf die himmlischen Güter besitzt, garantiert die Hypothek, welche der Bourgeois auf die Bauerngüter besitzt", sagt Marx.[23]

Gegen die Herrschaft der Bourgeoisie stürmt, in der Sozialdemokratie vereinigt, die Arbeiterklasse an.

In der Entstehungszeit der Sozialdemokratie haben sich in ihr diejenigen Schichten der industriellen Arbeiterschaft zusammengeschlossen, deren gesellschaftliches Dasein die erschütterndste Umwälzung erfahren hatte, deren Denken am vollständigsten

---

[23] Marx: Die Klassenkämpfe in Frankreich. Berlin 1920. Seite 64.

revolutioniert worden war, die sich wie von allen anderen Traditionen auch von der traditionellen Religion losgerissen hatten. Sozialdemokratie und Freidenkertum waren damals eins.

Aber wenn die Entwicklung des Kapitalismus einen Teil der Arbeiterklasse von der Religion völlig losgerissen hat, so erhält doch gerade der Zustand des Elends, der ständigen Unsicherheit der Existenz, der Unwissenheit, in dem das Proletariat in der kapitalistischen Gesellschaft lebt, breite proletarische Massen unter dem Einfluß der traditionellen Religion.

Die Sozialdemokratie kann die Herrschaft der Bourgeoisie in der demokratischen Republik nur stürzen, wenn sie die Mehrheit des Volkes unter ihren Fahnen vereinigt. Sie kann zur Mehrheit des Volkes nicht werden, solange nur die von der religiösen Tradition befreiten Schichten der Arbeiterklasse in ihren Reihen stehen. Sie kann die Mehrheit nur erobern, wenn es ihr gelingt, die *ganze* Arbeiterklasse und, unter der Führung der Arbeiterklasse, die ihr nahestehenden Schichten des Kleinbürgertums, der Kleinbauernschaft, der Intelligenz zu vereinigen. Sie muß daher die religiös fühlenden Proletarier aus der Gefolgschaft der bürgerlichen Parteien loszureißen und an sich zu ziehen streben.

Zu diesem Zweck muß die Sozialdemokratie die religiöse Hülle zerreißen, hinter der die Bourgeoisie den Klassenkampf zu bergen sucht. So spricht die Sozialdemokratie zu den religiös fühlenden Arbeitern, die noch den bürgerlichen Parteien Gefolgschaft leisten:

Die bürgerlichen Parteien verteidigen nicht die Grundsätze des Christentums; sie verteidigen die kapitalistische Gesellschaftsordnung!

Die bürgerlichen Parteien verteidigen nicht die Religion; sie verteidigen die Herrschaft der Bourgeoisie!

Die bürgerlichen Parteien verteidigen nicht euer Seelenheil; sie verteidigen die Profite der Kapitalisten und die Rente der Grundherren!

Der Kampf unserer Zeit ist nicht ein Religionskrieg zwischen Christen und Gottesleugnern; er ist ein Klassenkampf zwischen Bourgeoisie und Proletariat.

Nicht gegen den Herrn im Himmel, sondern gegen die Herren auf Erden führen wir unseren Kampf! | 30

Wer ein ausgebeuteter Proletarier, wer ein kapitalshöriger Handwerker oder ein armer Kleinbauer ist, der geselle sich zu unseren Kampfreihen gegen die irdischen Herren, mag er nun an den Herrn im Himmel glauben oder nicht!

Muß die Bourgeoisie den Klassenkampf zu maskieren suchen, so muß die Sozialdemokratie ihn enthüllen, um die Proletarier, die die religiöse Maskierung des Kampfes in der Gefolgschaft der Bourgeoisie erhält, in die Kampfreihen des Proletariats herüberzuziehen. Muß die Bourgeoisie „die weltlichen Fragen in theologische" verwandeln, so muß die Sozialdemokratie die theologischen Fragen rückverwandeln in weltliche. Muß die Bourgeoisie die Religion zur Parteisache machen, um breite Proletariermassen in der Gefolgschaft der Bourgeoispartei zu erhalten, so muß die Sozialdemokratie die Religion als Privatsache behandeln, um das ganze Proletariat zum gemeinsamen Klassenkampf zu vereinigen.

War die Sozialdemokratie in ihren Anfängen ausschließlich aus den vorgeschrittensten, revolutionärsten, von allen Traditionen der Vergangenheit am vollständigsten emanzipierten Schichten der industriellen Arbeiterschaft zusammengesetzt, so müssen wir jetzt zu den Arbeitern die Arbeiterfrauen, zu den Industriearbeitern die Land- und Forstarbeiter, die Keuschler, die Kleinbauern gewinnen. Damit aber vereinigen sich in unseren Reihen mit den Freidenkern in immer größerer Zahl Proletarier, die an ihren religiösen Traditionen hangen. Wir müssen diese religiös fühlenden Proletarier gewinnen; denn nur wenn das ganze Proletariat vereint ist, kann es die Macht in der demokratischen Republik erobern. Wir können diese religiös fühlenden Proletarier nur gewinnen, wenn wir jeden als gleichberechtigten, vollwertigen Kampfgenossen willkommen heißen, der mit uns den Kampf um unsere irdischen Ziele, den Kampf um die Überwindung der kapitalistischen, um die Aufrichtung der sozialistischen Gesellschaftsordnung führen will, wie immer er über den Himmel denkt.

Unser Linzer Programm stellt fest, daß das Ziel unseres Kampfes die sozialistische Gesellschaftsordnung ist, die erst jeden einzelnen befähigen wird, „seine Weltanschauung in voller Freiheit und in Einklang zu bringen mit den Ergebnissen der Wissenschaft und mit der sittlichen Würde eines freien Volkes". Aber um dieses Ziel zu erreichen, müssen wir, wie unser Programm sagt, „die *gesamte* Arbeiterklasse — die Arbeiter in Gewerbe und Industrie, Handel und Verkehrswesen mit den Arbeitern der Land- und Forstwirtschaft, die manuellen Arbeiter mit den Angestellten und Beamten — vereinigen und organisieren", müssen wir darüber hinaus „der Arbeiterklasse die ihr nahestehenden Schichten der Kleinbauernschaft, des Kleinbürgertums, der Intelligenz als Bundesgenossen gewinnen", um auf diese Weise zur Mehrheit im Volke zu werden und die Macht im Staate zu erobern, um die Staatsmacht dann zur Überwindung der kapitalistischen, zum Aufbau der sozialistischen Gesellschaftsordnung zu gebrauchen. Unser Programm fährt fort:

> Zu diesem Zwecke muß die Sozialdemokratie *alle* vom Kapital und Großgrundbesitz Ausgebeuteten vereinigen, wie immer ihre religiösen Anschauungen beschaffen, wie immer ihre Anschauungen von dem Zustand des Elends und der Unwissenheit, in dem sie der Kapitalismus erhält, beeinflußt sein mögen.

> Die Sozialdemokratie vereinigt also *alle*, die an dem Klassenkampf der Arbeiterklasse und der um sie gescharten Volksklassen teilnehmen wollen, *ohne Unterschied ihrer religiösen Überzeugung.* |

31

> Im Gegensatz zum Klerikalismus, der die Religion zur *Parteisache* macht, um die Arbeiterklasse zu spalten und breite proletarische Volksmassen in der Gefolgschaft der Bourgeoisie zu erhalten, betrachtet die Sozialdemokratie die Religion als *Privatsache* des einzelnen.

Die Klerikalen sagen: Glaubt den Sozialdemokraten nicht! Sie sind Gottesleugner; sie wollen euch die Religion rauben. Nur um Wähler zu fangen, gebärden sie sich, als wollten sie die Religion als Privatsache des einzelnen behandeln.

Und ganz ähnlich meinen auch manche Freidenker in unseren eigenen Reihen: Es ist nur ein taktisches Manöver! In Wirklichkeit ist nur der Atheist ein wahrer, echter Sozialdemokrat.

Beide, der Klerikale und der Freidenker, haben unrecht. Was sagt unser Programm? Die Parteizugehörigkeit ist unabhängig von den religiösen Anschauungen des einzelnen. Wer sich zu den Zielen unseres Programms bekennt, ist uns als Parteigenosse willkommen; was er daneben über religiöse Fragen denkt, ist seine Privatsache. Ist diese Auffassung ein „taktisches Manöver"? Nein, sie ist eine notwendige Konsequenz aus zwei Grundanschauungen der Sozialdemokratie.

Die erste dieser beiden Grundanschauungen ist die von Marx und Engels begründete „materialistische Geschichtsauffassung". Sie lehrt uns, daß die religiösen Anschauungen der Menschen ein Spiegelbild ihrer sozialen Lebensbedingungen sind; daß die religiösen Anschauungen breiter Massen des Proletariats nicht durch bloße Propaganda überwunden werden können, sondern erst überwunden werden durch die Umwälzung ihrer sozialen Lebensbedingungen. Sie lehrt uns also, daß breite proletarische Massen im Banne der traditionellen Religion bleiben werden, solange der Kapitalismus besteht.

Die zweite der beiden Grundanschauungen, auf die sich dieser Teil unseres Programms stützt, ist die Erkenntnis, daß wir unser Ziel nur erreichen können, wenn wir die Mehrheit des Volkes für uns gewinnen; daß wir daher nur siegen können, wenn wir nicht nur die geistig vorgeschrittensten Schichten der Arbeiterklasse, sondern *alle* ihre Schichten zum gemeinsamen Kampf vereinigen.

Aus diesen beiden Grundanschauungen des Sozialismus zieht unser Programm den Schluß. Wissen wir, daß breite Schichten unter dem Einfluß der traditionellen Religion stehen werden, solange der Kapitalismus bestehen wird, und wissen wir, daß wir den Kapitalismus nur bezwingen können, wenn wir *alle* Schichten des Proletariats in unseren Reihen zu vereinigen vermögen, dann ist es ein zwingender Schluß, daß wir die Proletarier, die an ihrer religiösen Tradition hangen, mit denjenigen Proletariermassen, die sich von aller Religion emanzipiert haben, zum gemeinsamen Kampfe zusammenschließen müssen, um die Bourgeoisie zu stürzen, die Kapitalsherrschaft zu brechen.

Der Grundsatz, die Religion als Privatsache zu behandeln, ist also eine notwendige Konsequenz aus der Tatsache, daß wir nicht eine bloße Propagandagesellschaft zur Verbreitung bestimmter Anschauungen über religiöse Fragen sind, sondern eine Klassenpartei, eine Partei des Klassenkampfes, die nur siegen kann, wenn sie die ganze Klasse zum gemeinsamen Klassenkampf vereinigt.

Darum müssen die Tore unserer Partei jedem offen stehen, der mit uns gegen die Kapitalsherrschaft kämpfen will, mag er gläubig oder mag er Freidenker sein. Darum müssen wir jeden, 32 der unseren Befreiungskampf | mit uns kämpfen will, als gleichberechtigten Genossen willkommen heißen, was immer er im übrigen über Gott, über die Unsterblichkeit der Seele, über die Bibel denkt.

Die Arbeiterklasse wird desto früher und desto vollkommener siegen, je vollkommener sie die ganze Praxis unseres Parteilebens nach diesem Grundsatz unseres Linzer Programms gestalten wird.

3.2 Die Sozialdemokratie und die religiösen Proletarier

DER GRUNDSATZ UNSERES Parteiprogramms, die Religion als Privatsache zu behandeln, ist vor allem ein Appell an jene breiten Massen von Proletariern, die noch außerhalb der Kampfreihen des Proletariats stehen; an jene Arbeiterfrauen, Land- und Forstarbeiter, Keuschler und Kleinbauern, die zur Stütze der Bourgeoisherrschaft geworden sind, weil ihr religiöses Fühlen sie in der Gefolgschaft der Bourgeoisparteien hält.

Wir sagen diesen proletarischen Massen: Wir kämpfen um die Hebung eurer Lebenshaltung, um euer soziales Recht, um den

SOZIALDEMOKRATIE, RELIGION UND KIRCHE

Ausbau der Schulen eurer Kinder. Ihr aber stützt die Herrschaft derer, die euch bedrücken. Reißt euch von ihnen los! Kommt zu uns! Kämpft mit uns! Euer Glaube soll uns nicht entzweien. Sind wir nur einig im gemeinsamen Kampf unsere wirtschaftlichen, sozialen, politischen, kulturellen Ziele, so möge jeder über die Religion denken, was er will!

Die religiösen Proletarier sagen: Seid ihr nicht Freidenker? Nicht Gottesleugner? Wie können wir uns zu euch gesellen, da ihr mißachtet, was uns heilig ist?

Wir antworten: Gewiß, es sind viele Freidenker in unseren Reihen. Aber es sind in unseren Reihen auch viele gläubige Katholiken, Protestanten, Juden. Wir wollen alle vereinigen, die mit uns den Kampf für die Gegenwartsinteressen des Proletariats und für den Aufbau einer sozialistischen Gesellschaft führen wollen. Die Freidenker sind eine große Gemeinschaft innerhalb der Sozialdemokratie; aber nicht jeder Sozialdemokrat muß darum Freidenker sein oder werden.

Da mengt sich ein Geistlicher in den Streit. Er sagt: Der erste Satz eures Linzer Programms sagt, daß ihr euren Kampf führt „gestützt auf die Lehren des wissenschaftlichen Sozialismus". Der wissenschaftliche Sozialismus — das ist der Marxismus. Der Marxismus — das ist Materialismus. Der Materialismus — das ist Atheismus. Gottgläubige Menschen können sich nicht einer Partei anschließen, die sich zu dem atheistischen Materialismus bekennt.

Wir antworten: Ihr verwechselt zwei grundverschiedene Dinge miteinander: die sogenannte materialistische Geschichtsauffassung mit dem sogenannten naturwissenschaftlichen Materialismus.

Die sogenannte materialistische Geschichtsauffassung lehrt uns: Die Entwicklung der Produktivkräfte und der Produktionsverhältnisse bestimmt den sozialen, politischen und geistigen Lebensprozeß überhaupt. Mit den Arbeitsmethoden, den Arbeitsmitteln, der Arbeitsteilung, der Verteilung des Arbeitsertrages verändert sich die Gliederung der Gesellschaft, verändern sich Staat und Recht. Mit den wirtschaftlichen und sozialen Lebensbedingungen der Menschen verändert sich ihre Denkweise, verändern sich die Sitten, die moralischen Werte, die Wissenschaft, die Kunst, die Religion.

Der sogenannte naturwissenschaftliche Materialismus lehrt: Von Ewigkeit her ist ein Stoff, die Materie da, der aus gleichartigen unveränderlichen | kleinsten Teilen (Atomen oder Elektronen) besteht. Alles, was in der Welt geschieht, ist Bewegung dieser kleinsten Teilchen.

Die materialistische Geschichtsauffassung ist eine Lehre von der menschlichen Gesellschaft. Sie stellt uns die Aufgabe, die Abhängigkeit aller Veränderungen des gesellschaftlichen, des staatlichen, des geistigen Lebens der Menschheit von der Entwicklung der Produktivkräfte der menschlichen Arbeit und der Produktionsverhältnisse der arbeitenden Menschen zu erforschen.

Der naturwissenschaftliche Materialismus ist eine Lehre vom Weltganzen. Er stellt seinen Jüngern die Aufgabe, alle Vorgänge in der Welt auf Bewegungen von Atomen oder Elektronen zurückzuführen.

Der wissenschaftliche Sozialismus ist nicht eine Philosophie, die das Wesen der Welt zu deuten sucht, sondern eine Wissenschaft von der Entwicklung der menschlichen Gesellschaft. Die Grundlage dieser Wissenschaft ist die materialistische Geschichtsauffassung.

Der naturwissenschaftliche Materialismus dagegen ist wirklich eine Lehre vom Wesen der Welt. Diese Lehre steht in der Tat im Widerstreit gegen jedes religiöse Weltbild. Er ist in der Tat eine atheistische Lehre.

Wie verhält sich nun der wissenschaftliche Sozialismus, der auf der materialistischen Geschichtsauffassung beruht, zu dem atheistischen naturwissenschaftlichen Materialismus?

Gelehrte, die dieselbe Ansicht haben über Fragen der Medizin oder der Biologie, der Chemie oder Physik, können doch sehr verschiedene Ansichten über philosophische Fragen, über die Fragen nach dem Ursprung und Wesen des Weltganzen, dem Sinn des Weltgeschehens haben. Ebenso können Theoretiker, die dieselbe Ansicht haben über die Entwicklung der menschlichen Gesellschaft, sehr verschiedene Ansichten haben über Ursprung, Wesen, Sinn der Welt.

Es gibt gewiß marxistische Theoretiker, die zugleich Anhänger des atheistischen naturwissenschaftlichen Materialismus sind. Das waren zum Beispiel ebenso der Menschewik Plechanow wie der Bolschewik Lenin.

Aber es gibt auch marxistische Theoretiker, die sehr entschiedene Anhänger der materialistischen Geschichtsauffassung, ebenso entschiedene Gegner des naturwissenschaftlichen Materialismus sind. Wir wollen zwei Beispiele anführen.

Der österreichische Marxist Friedrich Adler ist natürlich — das macht ihn ja zum Marxisten — ein Anhänger der materialistischen Geschichtsauffassung. Aber er ist ein Gegner des naturwissenschaftlichen, des „mechanischen" Materialismus. Er ist ein Schüler des großen Naturforschers Mach, dessen Lebenswerk die Überwindung des mechanischen Materialismus war. Hat der Materialismus das „Wesen" der Naturvorgänge zu erforschen geglaubt, indem er alle Naturvorgänge auf Bewegungen unveränderlicher Atome oder Elektronen zurückführte, so lehrt Mach, daß die Wissenschaft nicht ein hinter den Vorgängen, die wir beobachten, verborgenes „Wesen" der Natur zu erforschen, sondern nur die von uns beobachteten Vorgänge widerspruchslos und ökonomisch zu beschreiben vermag; die Bewegungen der Atome und Elektronen sind uns nicht mehr das „Wesen" der Welt, sondern nur Hilfsmittel unseres Denkens, die es uns ermöglichen, die gegenseitige Abhängigkeit der Veränderungen, die wir an den Körpern beobachten, „ökonomisch" darzustellen. Hatte Mach in dieser Weise die Aufgabe der Wissenschaft eingeschränkt, so gewann er auch eine andere Stellung zur Religion. Zustimmend zitiert Friedrich Adler, was Mach darüber sagt: „Die Naturwissenschaft tritt nicht mit dem Anspruch auf, eine fertige Welt- | anschauung zu sein, wohl aber mit dem Bewußtsein, an einer künftigen Weltanschauung zu arbeiten. Die höchste Philosophie des Naturforschers besteht eben darin, eine unvollendete Weltan-

schauung zu ertragen und einer scheinbar abgeschlossenen, aber
unzureichenden vorzuziehen. Die religiösen Ansichten bleiben
jedes Menschen eigenste Privatsache, solange er mit denselben
nicht aufdringlich wird und sie nicht auf Dinge überträgt, die vor
ein anderes Forum gehören."[24]

Ein anderer österreichischer Marxist, Max Adler, selbstverständlich auch Anhänger der materialistischen Geschichtsauffassung, ist in der Philosophie ein Jünger des kritischen Idealismus
Kants. Er hält für ein unausweichliches Bedürfnis jeder Menschenseele den Glauben, daß unsere Welt, die uns die Erfahrung
vermittelt und die Wissenschaft deutet, nur die der Beschränktheit unserer Anschauung und unseres Denkens gegebene Erschei-
nungsweise einer anderen Welt sei, in der aller Widerspruch zwischen sinnlos waltenden Naturgewalten und sinnvollen menschlichen Werten seine Lösung finde.[25] Max Adler bekennt sich also
zu einer religiösen Weltanschauung. Und nachdrücklich sucht
er zu erweisen, daß seine religiöse Weltanschauung mit dem
wissenschaftlichen Sozialismus ebenso vereinbar sei wie areligiöse Weltanschauungen. „Die Lehre von der Gesetzmäßigkeit
der Geschichte und in Anwendung derselben die Lehre von dem
Wesen der ökonomischen Kategorien und der wirtschaftlichen
Entwicklung der Gesellschaft, — *das* ist der Marxismus, und als
solcher ist er, was ja gerade sein Stolz ist, Wissenschaft, der Anfang einer neuen exakten Theorie von der Gesellschaft ... Aber
diese Theorie, ihre Problemstellungen und ihre Lösungsversu-
che haben mit Weltanschauungsfragen gar nichts zu tun ... Sie
können sich ebensogut mit der einen wie mit der anderen philosophischen Weltanschauung verbinden, ebensogut mit einer
materialistischen wie mit einer spiritualistischen, ebensogut mit
einem System des Pantheismus oder des Atheismus ... ganz so,
wie zum Beispiel das Gravitationsgesetz dasselbe bleibt für den
Theisten und den Atheisten, ja wie sogar die biologischen Gesetz-

---

[24] Friedrich Adler: Ernst Machs Überwindung des mechanischen Materialismus.
Wien 1918. Seite 25.

[25] Vgl. Max Adler: Das Soziologische in Kants Erkenntniskritik. Seite 244 ff.

mäßigkeiten für den denkenden Theisten, der die Wissenschaft ernst nimmt, nur ein Anlaß mehr werden, die Weisheit seines Schöpfers zu bewundern, im übrigen aber nicht anders anerkannt werden als von dem Atheisten."[26] Der tiefere Grund und Sinn des Satzes „Religion ist Privatsache" sei eben dies, daß der Marxismus mit den verschiedensten Weltanschauungen vereinbar sei.

Wir haben nun hier selbstverständlich nicht zu prüfen, wessen Weltanschauung die richtige ist: ob die der Materialisten (Plechanow, Lenin), der Positivisten (Friedrich Adler), der Kantianer (Max Adler). Uns handelt es sich vielmehr nur darum, an diesen Beispielen zu zeigen, daß wir unter den Theoretikern des wissenschaftlichen Sozialismus Anhänger der verschiedensten Weltanschauungen finden: Anhänger ebenso des antireligiösen Materialismus wie des der Religion gegenüber indifferenten Positivismus und des religiösen kritischen Idealismus. Die Behauptung, daß das Bekenntnis zum wissenschaftlichen Sozialismus ein Bekenntnis zu dem antireligiösen, atheistischen naturwissenschaftlichen Materialismus einschließe oder voraussetze, ist also grundfalsch.

Der geistliche Herr antwortet uns: Das ist ein trügerisches Spiel mit Worten. Uns kümmert es ja nicht, wie ihr zu jenen religiösen Luftgebilden | steht, die die Philosophen Religion nennen. Uns kümmert es vielmehr, wie ihr euch zu unserer positiven Religion, zu dem christlichen, katholischen Glauben unseres Volkes verhält. Es mag sein, daß ihr eure Anhänger nicht auf den naturwissenschaftlichen Materialismus einschwört; aber ihr selbst könnt doch nicht bestreiten, daß die materialistische Geschichtsauffassung die Grundlage eurer Auffassungen ist. Diese materialistische Geschichtsauffassung lehrt aber doch, daß die politische Religion unseres christgläubigen Volkes nur ein Reflex seiner wirtschaftlichen und sozialen Lebensbedingungen sei. Was uns Gottes Offenbarung ist, euch ist es nur ein Spiegelbild der Unwissenheit, der Unterwürfigkeit, der Armut unseres Volkes!

35

---

[26] Max Adler: Marxistische Probleme. Stuttgart 1913. Seite 62 bis 64.

Und die gläubigen Arbeiter nehmen das Wort des Pfarrers auf: Ihr sagt uns, daß wir uns unseren Glauben auch in euren Reihen bewahren können. Aber dabei haltet ihr unseren Glauben doch nur für eine Folge unserer Beschränktheit, unserer Rückständigkeit. Wie können wir uns zu euch gesellen, da ihr so verächtlich darüber denkt, was uns das Heiligste ist?

Wir antworten: Gewiß, wir sind überzeugt, daß der Satte anders denkt und fühlt als der Hungrige, der wirtschaftlich Gesicherte anders als derjenige, der täglich um seine Arbeitsstelle zittern muß, der Unterrichtete anders als derjenige, dem die Gesellschaft von heute nur eine dürftige Dorfschulbildung gegeben hat. Wir sind überzeugt, daß das wirtschaftliche und kulturelle Elend, in dem euch der Kapitalismus erhält, auch eure religiösen Anschauungen beeinflußt. Aber gerade darum verachten wir eure religiösen Anschauungen nicht. Der liberale Bourgeois mag hochmütig der Religion des Volkes spotten; seine hochmütige Verachtung der Volksreligion ist nur ein Teil seiner hochmütigen Selbstüberhebung über das Proletariat, das der Bourgeois wegen der kulturellen Armut verachtet, in der die Bourgeoisie das Proletariat erhält. Der Sozialismus aber, der Anwalt des Elends, spottet nicht der Wundmale des Elends im Glauben des Volkes. Gewiß, wir sind überzeugt, daß eure Kinder über Gott und die Welt anders denken werden als ihr, wenn wir ihnen erst eine höhere Lebenshaltung, eine gesicherte Existenz, eine bessere Schulbildung erkämpft haben werden. Aber diese unsere Überzeugung soll uns nicht entzweien. Kämpfen wir zunächst gemeinsam um die bessere Lebenshaltung, um die gesichertere Existenz, um die vollkommenere Schulbildung! Erringen wir sie im gemeinsamen Kampf, so wird sich das kommende Geschlecht in Freiheit seine Weltanschauung so gestalten, wie es seinen seelischen Bedürfnissen entsprechen wird!

Die religiösen Proletarier sagen: Ihr ladet uns ein, mit euch um die sozialistische Gesellschaftsordnung zu kämpfen. Aber ihr selbst sagt, daß in der sozialistischen Gesellschaftsordnung die Religionen unserer Zeit verschwinden werden. Indem ihr nach der sozialistischen Gesellschaftsordnung strebt, wollt ihr also doch, wenn nicht uns, so doch unseren Nachkommen die Religion rauben.

Wir antworten: Die sozialistische Gesellschaftsordnung wird niemand eine Religion vorschreiben und niemand eine Religion verbieten. Sie wird vielmehr jedem einzelnen erst die wahre geistige Freiheit geben, sich selbst, nach seiner innersten Überzeugung, zu entscheiden. Ihr habt diese Freiheit nicht gekannt. Der Dorfpfarrer hat euch eure Religion gelehrt; was die Wissenschaft erforscht hat, was die großen Denker erdacht haben, hat man euch nicht vermittelt. Die sozialistische Gesellschaft wird alle Menschen zu Kulturmenschen erziehen, allen die Errungenschaften der Wissenschaft zugänglich machen; eure Enkel sollen die Religion, die ihr ihnen überliefert, messen an dem geistigen Erbe der Menschheit, das ihnen zugänglich sein | wird, und sich 36 dann selbst in Freiheit ihr Urteil bilden. Euch lehrt eure Not, eure Angst vor dem nächsten Tage beten; euren Enkeln sollen Arbeit und Brot gesichert sein, sie sollen sich, befreit von bitterster Sorge, erlöst aus der täglichen Angst, ihr Weltbild in Freiheit gestalten. Wir glauben allerdings, daß ihr Weltbild dann anders aussehen wird als das eure. Aber wollt ihr darauf verzichten, mit uns darum zu kämpfen, daß euren Nachkommen ein besseres, ein würdigeres Dasein auf dieser Welt gesichert werde, nur damit sie dann nicht etwa über das Jenseits anders denken als ihr?

Das ist es, was unser Linzer Programm den gläubigen Arbeitern sagt. Es verhehlt ihnen nicht unsere wissenschaftliche Überzeugung, daß „der Zustand des Elends, der Unwissenheit, der Unterwürfigkeit", in dem der Kapitalismus die Volksmassen erhält, „auch die religiösen Anschauungen dieser Volksmassen" bestimmt. Es verhehlt ihnen keineswegs unsere marxistische Überzeugung, daß die wirtschaftliche Befreiung des Proletariats auch seine geistige Befreiung aus den Fesseln uralter Überlieferung zur Folge haben wird, „seine Weltanschauung in voller Freiheit in Einklang zu bringen mit den Ergebnissen der Wissenschaft und mit der sittlichen Würde eines freien Volkes". Aber gerade weil wir wissen, daß die geistige Befreiung des Proletariats nur die Folge seiner wirtschaftlichen Befreiung sein kann, lehnen wir es ab, das Proletariat im Streit um religiöse Anschauungen zu spalten. Gerade deshalb fordern wir gläubige und ungläubige Arbeiter auf, sich zunächst zum Kampf um die wirtschaftliche Befreiung zu vereinigen und es der Zukunft zu überlassen, wie sie die Menschen, sobald sie erst ihre wirtschaftliche Befreiung errungen haben werden, ihr Weltbild gestalten werden. Deshalb erklärt unser Programm die Religion zur Privatsache des einzelnen und verbürgt damit den gläubigen und den ungläubigen Arbeitern die strikte Neutralität der Partei gegenüber den religiösen und den areligiösen Anschauungen ihrer Mitglieder.

3.3 Sozialdemokratie und Freidenkertum

UNSER PROGRAMM IST aber nicht nur ein Appell an die religiösen Proletarier, die wir erst zu gewinnen haben. Es bestimmt zugleich auch das Verhältnis unserer Partei zu den proletarischen Freidenkern in unseren eigenen Reihen.

Die Sozialdemokratie ist die Klassenpartei des Proletariats. Sie muß die *ganze* Arbeiterklasse in ihren Reihen zu vereinigen suchen: die Industriearbeiter ebenso wie die landwirtschaftlichen Arbeiter, die Keuschler, die Kleinbauern; den Angestellten, der an einer Mittel- oder Hochschule studiert hat, ebenso wie den Dorftaglöhner, der nur eine einklassige Dorfschule besucht hat; Arbeiterschichten, die schon seit Jahrzehnten durch die große Schule des Klassenkampfes gegangen sind, ebenso wie Proletarier, die eben erst zum Klassenbewußtsein erwacht sind. So umfaßt unsere Partei die verschiedensten proletarischen Schichten, — Schichten, die auf ganz verschiedenem Kulturniveau leben, ganz verschiedene Entwicklungsgrade des Klassenbewußtseins erreicht haben.

Unsere Partei muß die Proletarier in sich aufnehmen, wie der Kapitalismus sie erzogen hat: mit all der Unwissenheit und Kulturlosigkeit, in der zu leben sie die kapitalistische Gesellschaftsordnung verdammt hat, mit all den „Lastern der Unterdrückten",

die der Kapitalismus ihnen angezüchtet hat. Aber in der proletarischen Organisation, in der Praxis des proletarischen Klassenkampfes, ringt sich ein immer größerer Teil des Proletariats aus
jenem Zustand der Kulturlosigkeit, in dem das gesamte | Prole- 37
tariat ursprünglich gelebt hat, empor, entwickelt sich aus dem
Mutterschoß des Proletariats eine geistig regsame, mit wachsen-
dem Erfolge nach immer größerem Kulturbesitz ringende Elite.
Das sind die Arbeiter, die sich in ihren Mußestunden höheres
Wissen zu erarbeiten suchen, die ihre Freude im Genuß echter
Kunst suchen, die in ihrem Organisationsleben neue, mit dem
Geiste des Sozialismus erfüllte Kultur zu entwickeln streben.

Dieses Ringen der geistig regsamsten, geistig vorgeschrittensten Schichten der Arbeiterklasse ist ein Teil ihres Klassenkampfes. Wie sich die Arbeiterklasse im Klassenkampf höheren Anteil
an den materiellen Gütern der Welt, höhere materielle Lebenshaltung zu erobern sucht, so erringt sich die an Zahl stets wach-
sende geistig vorgeschrittenste Schicht des Proletariats auch
höheren Anteil am geistigen Besitz der Menschheit, höhere Kul-
turlebenshaltung. Die wirtschaftlichen und sozialen Eroberungen
des Proletariats setzen sich in Kultureroberungen um; der Acht-
stundentag, die Arbeiterurlaube, die Erhöhung der Löhne, die
Schulreform sind die Voraussetzung erfolgreichen Ringens der
geistigen Elite des Proletariats um eine höhere Kultur.

Es ist eine der Aufgaben der Sozialdemokratie, dieses Kulturringen der geistigen Elite, der geistigen Vorhut des Proletariats
tatkräftig zu fördern. Unser Linzer Programm sagt darüber:

> Die Sozialdemokratie organisiert das *Arbeiterbildungs-
> wesen* und fördert den Ausbau des *Volksbildungswe-
> sens* und der volkstümlichen Kunstpflege. Sie unter-
> stützt alle Anstrengungen der vorgeschrittensten
> Schichten der Arbeiterklasse, sich die Errungenschaf-
> ten der *Wissenschaft* und der *Kunst* anzueignen und
> sie mit den sich allmählich aus den Lebensbedingun-
> gen der Arbeiterklasse selbst entwickelnden, vom
> Geiste ihres Befreiungskampfes erfüllten Kulturele-

menten zu *Keimzellen der werdenden proletarisch-sozia-listischen Kultur* zu verschmelzen.

So hat die Arbeiterpartei zwei verschiedene Aufgaben zu er-füllen. Sie führt einerseits den Machtkampf der Arbeiterklasse; sie fördert anderseits das Kulturstreben der vorgeschrittensten Schichten der Arbeiterklasse. Sie muß, um den Machtkampf des Proletariats siegreich führen zu können, das ganze Proletariat in sich vereinigen, nicht nur seine vorgeschrittensten, sondern auch seine noch rückständigen Schichten; sie muß anderseits, um die „Keimzellen der werdenden proletarisch-sozialistischen Kultur" zu entwickeln, das Ringen der vorgeschrittensten Schicht des Proletariats nach Kultur kräftig fördern. Der Rahmen der Par-tei muß so weit gespannt sein, daß auch die noch rückständigen Schichten des Proletariats in ihm Raum, in ihm Befriedigung ih-rer Bedürfnisse finden können; aber innerhalb des gemeinsamen, das ganze Proletariat umfassenden Rahmens der Partei müssen sich besondere Organisationen entwickeln, die dem Kulturstre-ben der vorgeschritteneren Schichten des Proletariats dienen.

Der Alkoholismus ist eines der allerschlimmsten und aller-schädlichsten „Laster der Unterdrückten". Aber die Partei muß das ganze Proletariat umfassen. Sie kann die hunderttausende Parteigenossen, die dem Alkohol nicht entsagen wollen, weder aus ihren Reihen ausschließen, noch zu Parteigenossen minde-ren Wertes und minderen Rechtes erklären. Wohl aber muß es innerhalb der Partei eine engere Gemeinschaft geben, die für eine von den Rauschgiften befreite Kultur wirkt. Diese engere 38 Gemeinschaft ist unser Arbeiterabstinentenbund. |

Die meisten Proletariereltern wenden in der Erziehung ihrer Kinder Methoden an, die den Kindern schweren seelischen Scha-den zufügen. Aber die Partei, die das ganze Proletariat umfassen muß, kann keinen Vater deshalb aus ihren Reihen stoßen, weil er seinen Buben prügelt, keine Mutter deshalb, weil sie ihre Tochter entmutigt und demütigt. Wohl aber muß es innerhalb der Partei eine engere Gemeinschaft geben, die die Proletariereltern mit den Ergebnissen moderner psychologischer Forschung, mit den

Methoden moderner Pädagogik vertraut zu machen, diese Erziehungsmethoden in ihren Horten zu pflegen und die Proletarier zu ihrer Anwendung in der Familienerziehung anzuleiten strebt. Diese engere Gemeinschaft ist unsere Kinderfreunde-Organisation.

Solange die kapitalistische Gesellschaft bestehen wird, werden zehntausende Proletarier in der Stadt, hunderttausende auf dem Lande an der überlieferten Religion hangen. Die Partei, die nur siegen kann, wenn sie das ganze Proletariat in ihren Armeekorps vereinigt, muß auch diese Proletarier zu gewinnen suchen. Deshalb muß sich innerhalb der Partei der gläubige Arbeiter ebenso heimisch fühlen können wie der Ungläubige. Deshalb darf die Partei niemand seines Glaubens wegen von sich stoßen oder als minderwertigen Genossen behandeln. Wohl aber muß es innerhalb der Partei eine engere Gemeinschaft geben, die diejenigen Genossen vereinigt, welche sich von der Religion losgerissen haben, und das geistige Bedürfnis dieser Genossen, sich statt der verlorenen religiösen Weltanschauung ein modernes, auf wissenschaftliche Erkenntnis gegründetes Weltbild zu gestalten, befriedigt. Diese engere Gemeinschaft ist die Freidenkerorganisation.

Die Freidenkerorganisation hat also innerhalb der Sozialdemokratie eine wichtige Funktion zu erfüllen. So gut wie unsere Arbeiterbildungsorganisationen, wie unsere „Kunststelle", wie unsere „Kinderfreunde", wie unser Abstinentenbund, wie unsere „Naturfreunde" hat auch die Freidenkerorganisation die Aufgabe, starke geistige Bedürfnisse geistig regsamer, geistig vorgeschrittener Schichten der Arbeiterklasse zu befriedigen, dem Ringen dieser Proletarierschichten nach höherer, ihrer Geistesart entsprechender Kultur zu dienen, in den vorgeschrittenen Schichten des Proletariats von heute die Entwicklung der Keimzellen der sozialistischen Kultur von morgen zu fördern.

Aber so unentbehrlich die Organisationen sind, die dem Kulturleben der geistig vorgeschrittenen Arbeiterschichten dienen, der Rahmen der Partei muß doch viel weiter gespannt sein als der ihre. Die proletarischen Schichten, deren Kulturbedürfnissen sie dienen, sind nur ein Teil des industriellen Proletariats und das

industrielle Proletariat selbst ist nur ein Teil der gesamten Arbeiterklasse. Muß die Partei das Kulturringen der vorgeschrittenen
Schichten des Proletariats fördern, so muß sie doch anderseits
das gesamte Proletariat zum Machtkampf vereinigen.

Die Sozialdemokratie ist die Partei des Proletariats. Die Freidenker sind die Weltanschauungsgemeinschaft einer geistig vorgeschrittenen Schicht des Proletariats. Zu Parteien vereinigt die
Menschen der Wille, Staat und Gesellschaft nach den Interessen
und Idealen einer Klasse zu gestalten; zur Weltanschauungsgemeinschaft vereinigt die Menschen die Übereinstimmung ihrer
Meinungen über Gott, über das Weltgeschehen, über das Los der
Menschenseele. Weltanschauungsgemeinschaften unterscheiden
sich voneinander dadurch, daß sie die Welt verschieden inter-
pretieren, Parteien dadurch, daß sie die Gesellschaft in verschiedener Weise verändern wollen. Die Freidenkerorganisationen
können nur diejenigen Arbeiter vereinigen, die sich zu einer auf
der Grundlage der Wissenschaft gegründeten, von aller | Religion
befreiten Weltanschauung durchgerungen haben; die Partei muß
alle ohne Unterschied ihrer Weltanschauung zusammenschließen, die an dem Klassenkampf des Proletariats teilnehmen, dem
Proletariat die Staatsmacht erobern, die konzentrierten Produktionsmittel aus dem Eigentum der Kapitalisten und der Groß-
grundbesitzer in das Gemeineigentum des Volkes überführen
wollen.

Die Partei muß verstehen, daß die Weltanschauungsgemeinschaft der Freidenker ein unabweisbares Kulturbedürfnis vorgeschrittener Arbeiterschichten befriedigt. Die Freidenker müssen
begreifen, daß die Partei zur Machtorganisation der ganzen Arbeiterklasse, ihrer gläubigen Schichten so gut wie ihrer ungläubigen,
werden muß, um im Machtkampf der Klasse zu siegen und damit
erst die sozialistische Kultur zu freier Entfaltung zu bringen. Sozialdemokratie und Freidenkertum sind also nicht identisch und
können nicht identisch sein. Aber zwischen den beiden besteht
nicht ein Gegensatz, sondern das Verhältnis des Ganzen zu einem
Teile.

Vielen Freidenkern wird es freilich sehr schwer, sich zu dieser Auffassung des Verhältnisses zwischen der Sozialdemokratie und dem Freidenkertum durchzuringen. Sie meinen: Wie das Freidenkertum die Religion bekämpft, so müsse auch die Partei die Religion bekämpfen. Sie solle die religiösen Anschauungen der einzelnen Proletarier nicht als ihre Privatsache behandeln, sondern den Kampf gegen sie aufnehmen.

Diese in den Reihen der proletarischen Freidenker weitverbreitete Ansicht stützt sich auf zwei Irrtümer: auf einen, der ein Erbe der alten bürgerlich-liberalen Aufklärung ist; auf einen anderen, den in der jüngsten Zeit der Bolschewismus in die Massen der Freidenker trägt.

Als der bürgerliche Liberalismus im Kampf gegen die feudal-klerikale Reaktion stand, sah er, daß breite Volksmassen ihr katholischer Glaube in der Gefolgschaft der freudal-klerikalen Partei erhielt. Der Liberalismus meinte daher: Wir müssen das Volk durch unsere Aufklärungsarbeit von seinen religiösen Vorurteilen befreien, um es fähig zu machen, sich politisch von der feudal-klerikalen Reaktion, sich wirtschaftlich von der Herrschaft des Großgrundbesitzes zu befreien. Das war die Illusion des Liberalismus: Die Befreiung von der Religion ist die Voraussetzung der politischen und der wirtschaftlichen Befreiung.

Die liberale Bourgeoisie konnte und wollte das Volk nicht von seinem wirtschaftlichen Elend befreien. Aber sie bildete sich ein, es trotzdem von seinem religiösen Elend, das ihr historischer Gegner, der feudale Großgrundbesitz, zur Stütze seiner Macht ausbeutete, befreien zu können.

Marx hat diese liberale Illusion kritisiert: das religiöse Elend ist nur der Reflex des wirtschaftlichen Elends und verschwindet erst mit dem wirtschaftlichen Elend. Die wirtschaftliche Befreiung erst schafft die Voraussetzungen der geistigen Befreiung, — nicht umgekehrt!

Trotzdem leben auch heute noch viele Freidenker in der alten liberalen Illusion. Sie sehen: Breite Volksmassen erhält ihre Religiosität in der Gefolgschaft der bürgerlich-klerikalen Partei. Sie

meinen daher: Wir müssen diese religiösen Massen von ihren religiösen Vorstellungen befreien, um sie aus der Gefolgschaft der klerikalen Partei, durch die die Bourgeoisie ihre Herrschaft ausübt, loszureißen, um sie zu uns zu führen und dadurch erst die Kraft zu gewinnen, die Bourgeoisie zu stürzen. Es ist, in neuer Gestalt, der alte Glaube des Liberalismus: Die Befreiung von der Religion ist die Voraussetzung der politischen und der wirtschaft-
40   lichen Befreiung! |

In der Tat gibt es in den Städten und Industriegebieten breite Proletarierschichten, die sich zwar von den religiösen Traditio-nen, die sie aus ihren Heimatdörfern mitgebracht haben, noch nicht ganz befreit haben, aber unter dem Einfluß des städtischen Lebens doch schon an ihnen irregeworden sind. Diese schwan-kenden Schichten kann die Propaganda der Freidenker erreichen. Sie kann den bereits begonnenen Prozeß ihrer Loslösung von ihren religiösen Traditionen beschleunigen. Sie kann sie von der religiösen Tradition losreißen und ihnen ein wissenschaftliches Weltbild vermitteln. Sie kann sie damit auch dem Einfluß der klerikalen Partei entziehen.

Aber daneben gibt es selbst in den Städten, erst recht auf dem Lande, breite Proletariermassen, die, zähe an ihren religiösen Traditionen hangend, der Propagandaarbeit der Freidenker un-erreichbar, für sie schlechthin unempfänglich sind.

Der Klerikalismus kann diese Proletariermassen in der Gefolg-schaft der Bourgeoisie nur erhalten, indem er den Klassenkampf zwischen Bourgeoisie und Proletariat maskiert als einen Kampf zwischen Christentum und Heidentum. Würden wir, wie so man-cher Freidenker uns empfiehlt, die religiösen Anschauungen die-ser Massen angreifen, so täten wir gerade das, was der Klerikalis-mus braucht; wir würden diese Massen damit nur erst recht dem Klerikalismus zutreiben. Wir müssen gerade umgekehrt verfah-ren. Sagt der Klerikalismus den Massen: „Es geht um die Religion", so sagen wir ihnen: „Es geht um die materiellen Klasseninteres-sen." Sagt der Klerikalismus den Massen: „Hüben die Christen, drüben die Gottesleugner!", so sagen wir ihnen: „Hüben die Proletarier, drüben die Bourgeoisie!" Wir können die religiösen Massen, deren Gefolgschaft allein der Bourgeoisie ihre Herrschaft erhält, aus dieser Gefolgschaft nicht herausreißen, indem wir, wie das manche Freidenker möchten, den Klassenkampf auflösen in einen Streit um die Religion, sondern nur, indem wir an die Stelle des Streites um die Religion, mittels dessen der Klerikalismus den Klassenkampf verhüllt, den unverhüllten Kampf um die Klasseninteressen setzen.

Diejenigen Freidenker, welche glauben, durch bloße Aufklärung über die Religion die proletarischen Massen, die noch dem Klerikalismus folgen, herüberreißen zu können, haben sich noch nicht die elementare marxistische Erkenntnis angeeignet, daß erst die Revolutionierung der wirtschaftlichen und sozialen Lebensbedingungen der Menschen sie empfänglich macht für die Revolutionierung ihrer Vorstellungen. Diese Freidenker unterschätzen die Bedeutung der Erfahrung, daß die Umwälzung der Ideologie nur sehr langsam, nur ganz allmählich der Umwälzung ihrer wirtschaftlichen Basis erfolgt. Sie unterschätzen die Zähigkeit, mit der insbesondere das Landvolk an seinen religiösen Traditionen hängt, und überschätzen die Wirkung der bloßen Aufklärungspropaganda dort, wo der Boden noch nicht durch die umwälzenden Einwirkungen städtischen und industriellen Lebens für sie empfänglich gemacht ist. Sie verkennen die soziale Gesetzlichkeit jener seelischen Umwälzung, in der die einzelnen proletarischen Schichten nacheinander zum Klassenbewußtsein erwachen: der Klasseninstinkt macht den Arbeiter zuerst reif, sich dem Kampfe um seine wirtschaftlichen und politischen Klasseninteressen anzuschließen; erst viel später, erst auf viel höherer Entwicklungsstufe erwacht in dem Arbeiter das Bedürfnis, sich auch von den Ideologien seiner Vergangenheit zu emanzipieren.

Der wissenschaftliche Sozialismus hat uns nicht gelehrt, daß wir „die Gewissen vom religiösen Spuk befreien" müssen, um die Arbeiterklasse zu | befähigen, die Staatsmacht zu erobern 41 und die Kapitalsherrschaft zu brechen; Marx und Engels haben

uns vielmehr gelehrt, daß wir die Menschen von den wirtschaftlichen Fesseln des Elends und der ständigen Unsicherheit der
Existenz befreien müssen, damit sie erst fähig werden, sich von
dem „religiösen Spuk" zu befreien.

Der alten liberalen Illusion, die noch in den Köpfen vieler Freidenker spukt, hält unser Linzer Programm die marxistische Erkenntnis entgegen, daß der „Zustand des Elends, der Unwissenheit, der Unterwürfigkeit", in dem die Menschen leben, auch
ihre religiösen Anschauungen bestimmt. Aus dieser Erkenntnis
zieht es den Schluß, daß wir „alle vom Kapital und Großgrundbesitz Ausgebeuteten" zum gemeinsamen Klassenkampf vereinigen
müssen, „wie immer ihre religiösen Anschauungen beschaffen,
wie immer ihre Anschauungen von dem Zustand des Elends und
der Unwissenheit, in dem sie der Kapitalismus erhält, beeinflußt
sein mögen". Denn nur im Klassenkampf des ganzen Proletariats
können wir eine Gesellschaftsordnung erringen, die erst das *ganze* Volk fähig machen wird, seine Weltanschauung „in Einklang
zu bringen mit den Ergebnissen der Wissenschaft und mit der
sittlichen Würde eines freien Volkes".

Aber die Überwindung der alten liberalen Illusion innerhalb
des Freidenkertums wird dadurch erschwert, daß die alte Illusion einen neuen Bundesgenossen gefunden hat. Dieser neue
Bundesgenosse ist der Bolschewismus. Denn auch die Kommunisten lehren, daß die Partei die Religion nicht als Privatsache
behandeln, sondern sie bekämpfen solle.

Die Bolschewiki sind Marxisten. Sie kennen Marxens Lehre, daß
die religiösen Vorstellungen der Massen von ihren wirtschaftlichen Lebensbedingungen abhängig sind. Sie wissen, daß große
Teile des Proletariats unter dem Einfluß der religiösen Tradition
bleiben werden, solange ihre wirtschaftlichen Lebensbedingungen nicht wesentlich umgewälzt werden. Sie teilen also keineswegs die liberale Illusion, daß sich diese Massen von ihren religiösen Vorstellungen befreien könnten, ehe sie noch von ihren
gegenwärtigen wirtschaftlichen Lebensbedingungen befreit sind.
Und trotzdem lehnen auch die Kommunisten die Behandlung

der Religion als Privatsache ab. Trotzdem meinen auch sie, daß die Partei nur diejenigen Proletarier in ihre Reihen aufnehmen dürfe, die sich von aller Religion losgerissen haben.

Denn die Kommunisten meinen, daß es nicht die Aufgabe der Arbeiterpartei sei, die *ganze* Arbeiterklasse zusammenzufassen. Die Partei solle, meinen sie, nur die „Avantgarde", die Vorhut des Proletariats in ihren Reihen organisieren; die Masse des Proletariats solle außerhalb der Partei gelassen, aber von der Partei geführt werden.

Im Jahre 1903 war die russische Sozialdemokratie noch aus kleinen Zirkeln von Verschwörern, von „professionellen Revolutionären" zusammengesetzt. Die Masse der Arbeiter der noch jungen russischen Industrie war parteilos. Wie sollte sich die Partei zu der Masse verhalten? Diese Frage spaltete die russische Sozialdemokratie in zwei Fraktionen. Die Menschewiki meinten: Die Partei muß die Arbeitermassen in ihre Organisation einbeziehen, sich in eine Massenpartei der Arbeiter zu verwandeln streben. Die Bolschewiki lehnen dies ab. Die Aufnahme der Arbeiter in die kleinen Parteizirkel würde, meinten sie, den revolutionären Charakter der Partei verwässern. Die Partei müsse auch weiterhin eine kleine, aus „professionellen Revolutionären" und marxistisch geschulten Intellektuellen zusammengesetzte Geheimorganisation bleiben; aber diese Zirkel hätten die Aufgabe, auf die parteilosen Arbeiter Einfluß zu gewinnen, sich in den | Kämpfen der parteilosen Arbeiter an ihre Spitze zu stellen, die Führung der parteilosen Arbeiter an sich zu reißen. Eine kleine revolutionäre Vorhut, die die parteilose Masse führt, — das war von den Tagen seines Ursprunges an das Parteiideal des Bolschewismus.

Dieses Ideal hat der Bolschewismus seit 1917 in der Sowjetunion verwirklicht. Die Kommunistische Partei der Sowjetunion umfaßt nur eine kleine Minderheit der Arbeiterklasse. Die überwiegende Mehrheit der Arbeiter ist parteilos. Die Kommunistische Partei verwehrt ihnen den Eintritt in ihre Parteiorganisation; aber sie verwehrt durch die terroristische Diktatur allen ande-

ren Parteien jeden Einfluß auf die parteilose Masse. So ist die
in der Kommunistischen Partei organisierte Minderheit in der
Lage, die parteilose Mehrheit zu führen, hinter sich herzuziehen,
mitzureißen.

Die Bolschewiki wollen also in ihrer Partei nicht das ganze
Proletariat organisieren, sondern nur die geistig vorgeschritten-
ste, von der Tradition der Vergangenheit am vollständigsten
emanzipierte Schicht des Proletariats. Deshalb behandeln sie die
Religion nicht als Privatsache, sondern schließen jeden religiösen
Proletarier aus ihrer Partei aus.

Aber dieses russische Beispiel ist in der west- und mitteleuro-
päischen Arbeiterbewegung nicht nachzuahmen.

In Österreich werben seit drei Jahrzehnten alle Parteien um
das Proletariat. Wenn wir die Landarbeiter, die Keuschler, die
Kleinbauern nicht in unseren Reihen organisieren, so bleiben sie
nicht parteilos, sie werden vielmehr von den bürgerlichen Partei-
en organisiert. Wir werden sie dann in der Stunde des Kampfes
nicht zu führen, nicht mitzureißen vermögen, sondern sie, von
der Bourgeoisie kommandiert, in den Schlachtreihen unserer
Gegner sehen.

In Rußland kann sich eine Minderheit des Proletariats anmaßen, das ganze Proletariat zu kommandieren, ohne die Masse des
Proletariats in die Partei, die das Kommando führt, aufzunehmen
und über die Partei mitentscheiden zu lassen. In Österreich können wir das ganze Proletariat zum Klassenkampf nur vereinigen,
indem wir alle Proletarier als gleichberechtigte Genossen in die
Partei aufnehmen.

„In den demokratischen Republik werden die Klassenkämpfe
zwischen der Bourgeoisie und der Arbeiterklasse im Ringen der
beiden Klassen um die Seele der Volksmehrheit entschieden",
sagt unser Linzer Programm. Wir können im Klassenkampf nur
siegen, wenn wir die Mehrheit des Volkes in unseren Reihen vereinigen. „Die Zeit der von kleinen bewußten Minoritäten an der
Spitze bewußtloser Massen durchgeführten Revolutionen ist vor-

bei", sagt Engels.[27] Sie war nicht vorbei für Rußland; sie ist vorbei
für alle demokratischen Länder. „Wo es sich um eine vollständige Umgestaltung der ganzen gesellschaftlichen Organisation
handelt," fährt Engels fort, „da müssen die Massen selbst mit
dabei sein, selbst schon begriffen haben, worum es sich handelt."
Darum kann sich unsere Partei nicht damit bescheiden, die geistig vorgeschrittensten Schichten des Proletariats zu vereinigen,
damit sie eine parteilose Masse führen, sie muß vielmehr die
ganze proletarische Masse in ihren Organisationen zu vereinigen
streben.

Gewiß fällt innerhalb jeder Arbeiterbewegung die Führung in
die Hände der geistig vorgeschrittensten Schichten der Arbeiterklasse. Aber ihre Führung ist in demokratischen Ländern nicht zu
verwirklichen in der Diktatur einer organisierten vorgeschritte-
nen Minderheit über die parteilose Masse, sondern | nur mittels   43
der demokratischen Auslese der Vertrauensmänner innerhalb
der die Masse selbst vereinigenden Partei.

Das ist der Gegensatz zwischen diktatorischem und demokrati-
schem Sozialismus: jener will nur die geistig vorgeschrittenste
Schicht des Proletariats in der Partei vereinigen, die die parteilose Masse zu kommandieren sich anmaßt; dieser will das ganze
Proletariat in der Partei zusammenschließen, in ihr die demokratische Selbstbestimmung der Gesamtheit des Proletariats verwirklichen.

Aus diesem grundsätzlichen Gegensatz folgt die verschiedene Stellung beider zur Religion. Die Kommunisten, die nur die
geistig vorgeschrittensten Schichten der Arbeiterklasse in die
Partei aufnehmen wollen, können jeden, der von der Religion
nicht befreit ist, von ihr fernhalten. Die Sozialdemokratie, die
die Gesamtheit des Proletariats zusammenschließen will, kann
dies nur, wenn sie die Parteizugehörigkeit von den religiösen
Anschauungen des einzelnen unabhängig macht; nur wenn sie
die Religion als Privatsache behandelt.

---

[27] Marx: Die Klassenkämpfe in Frankreich. Vorwort von Engels. Berlin 1929.
Seite 20.

Es ist geradezu der Grundgedanke des Linzer Programms, daß unsere Partei im Machtkampf nur siegen kann, wenn es ihr gelingt, nicht nur die vorgeschrittenen Schichten der industriellen Arbeiterschaft, sondern die ganze Arbeiterklasse in Stadt und Land zu vereinigen und um sie die der Arbeiterklasse nahen Schichten der Kleinbauernschaft und des Kleinbürgertums zu scharen. Die Erklärung der Religion als Privatsache ist eine zwingende Konsequenz aus diesem Grundgedanken des Programms.

Wendet sich also unser Linzer Programm gegen das Freidenkertum? Nein! Aber es wendet sich einerseits gegen die Illusionen, die manche Freidenker als Erbe des Liberalismus übernommen haben, anderseits gegen die Verirrungen, die die Kommunisten in die Reihen der Freidenker tragen.

Es wendet sich nicht gegen das Freidenkertum. Aber es sucht innerhalb des Freidenkertums die sozialdemokratischen Auffassungen gegen liberale und gegen bolschewistische Auffassungen zu festigen. Was macht den wahrhaft sozialdemokratischen Freidenker aus?

Der sozialdemokratische Freidenker muß sich vor allem die marxistische Erkenntnis aneignen, daß die religiösen Anschauungen vieler Proletarier die Folge der wirtschaftlichen Lebensbedingungen sind, in denen zu leben der Kapitalismus diese Proletarier verurteilt. Wer sich diese Erkenntnis angeeignet hat, wird für das zähe Fortleben der religiösen Anschauungen nicht die geistige Beschränktheit der gläubigen Proletarier verantwortlich machen, sondern die Lebensbedingungen des Proletariats in der kapitalistischen Gesellschaftsordnung. Der sozialdemokratische Freidenker wird daher gleich weit entfernt sein von der hochmütigen Überhebung, mit der der liberale Bourgeois auf den gläubigen Arbeiter herabsieht, wie von der Anmaßung des Kommunisten, der die gläubigen Arbeiter durch seine Partei zu kommandieren sucht, ohne sie des Mitbestimmungsrechtes innerhalb der Partei würdig zu erachten. Duldsamkeit gegenüber den gläubigen Klassengenossen ist die erste Pflicht des wahrhaft sozialdemokratischen Freidenkers.

Der sozialdemokratische Freidenker muß mit dem revolutionären Willen, dem Proletariat die Macht zu erobern, die Erkenntnis verknüpfen, daß die Vereinigung des ganzen Proletariats die Voraussetzung der Machteroberung ist. Er wird selbstverständlich sein Freidenkertum nie verleugnen; aber er wird darum ringen, auch diejenigen proletarischen Schichten, die an ihren religiösen Anschauungen festhalten, der Klassenorganisation, für den Klassen- | kampf zu gewinnen. Wo er für die Partei wirbt, 44 dort wird er den Massen sagen: „ Ich bin, für meine Person, Freidenker; aber auch wer an den Herrn im Himmel glaubt, ist uns Sozialdemokraten als Mitkämpfer gegen die Herren der Erde willkommen." Wo er in der Parteiorganisation tätig ist, dort wird er dem gläubigen Parteimitglied sagen: „Ich bin Freidenker; aber in der Partei bist du ein vollwertiger, ein gleichberechtigter Genosse."

Der sozialdemokratische Freidenker ist erfüllt von dem mächtigen Streben der vorgeschrittenen Arbeiterschichten nach einer von dem Banne der Vergangenheit befreiten Kultur. Er ringt nach einem wissenschaftlichen Weltbild. Er vereinigt sich zu diesem Zweck mit Gleichgesinnten im Freidenkerbund. Er wirbt unter seinen Parteigenossen für seine engere Weltanschauungsgemeinschaft. Aber wenn er für seine Weltanschauungsgemeinschaft wirbt, wird er seinen Parteigenossen nicht sagen: „Wer nicht Freidenker ist, kann kein wahrer, echter Sozialdemokrat sein." Er wird ihnen vielmehr sagen: „Du bist ein Sozialdemokrat geworden, um mit uns gegen die Herren dieser Erde zu kämpfen. Ich wünsche, daß du jetzt, da du schon Sozialdemokrat bist, auch Freidenker werdest. Komme zu uns! Höre uns! Wir wollen dir erzählen, was die Wissenschaft über die Gesetzlichkeit in Natur und Gesellschaft, über den Ursprung der religiösen Vorstellungen erforscht hat. Vielleicht wird es uns gelingen, dich zu überzeugen. Du hast, als du Sozialdemokrat wurdest, über Wirtschaft und Gesellschaft, über Staat und Recht anders als früher zu denken gelernt; gelingt es uns, dich zu überzeugen, so wirst du Freidenker werden und damit auch über Gott und die Welt anders zu denken lernen."

Auf diese Weise wird wahrhaft sozialdemokratisches Freidenkertum das Kulturringen geistig vorgeschrittener Arbeiterschichten nach einem ihren Kulturbedürfnissen entsprechenden Weltbild in Einklang bringen mit den Notwendigkeiten des Macht-
kampfes der Gesamtheit der Arbeiterklasse.

Innerhalb der Weltanschauungsgemeinschaft der Freidenker
einen solchen wahrhaft sozialdemokratischen Freidenkertypus
zu erziehen — das ist die Aufgabe, die das Linzer Programm denjenigen Genossen stellt, welche Sozialdemokraten und Freidenker
45 zugleich sind. |

Staat und Kirche

⌒

4.1 Partei und Kirche

DIE KIRCHE IST ZUR Bundesgenossin der Bourgeoisie geworden. Die Prälaten regieren im Auftrag und im Interesse der Kapitalisten. Die Bischöfe bedrohen die Arbeiter, die sich mit ihren Klassengenossen zum gewerkschaftlichen und zum politischen Kampf vereinigen, mit der Verweigerung der Sakramente. Die Pfarrer predigen von den Kanzeln gegen das kämpfende Proletariat.

Wir betrachten die Religion als Privatsache des einzelnen; der gläubige Arbeiter, der sich uns zugesellt, ist uns als Kampfgenosse willkommen. Aber stehen wir der Religion neutral gegenüber, so können wir nicht neutral bleiben gegenüber der Kirche, die ihre ganze Macht über die Gläubigen gegen uns einsetzt.

Nachdem unser Linzer Programm festgestellt hat, daß wir die Religion als Privatsache des einzelnen betrachten, fährt es fort:

> Die Sozialdemokratie bekämpft also nicht die *Religion*, die Überzeugungen und Gefühle der einzelnen, aber sie bekämpft *Kirchen* und Religionsgesellschaften, welche ihre Macht über die Gläubigen dazu benützen, dem Befreiungskampf der Arbeiterklasse entgegenzuwirken und dadurch die Herrschaft der Bourgeoisie zu stützen.

Die Sozialdemokratie steht also im Kampfe gegen die Kirche. Aber wir bekämpfen die Kirche nicht wegen der Religion, die sie lehrt und pflegt, sondern wegen der Rolle, die sie in dem Klassen-

kampf zwischen der Bourgeoisie und dem Proletariat spielt. Wir
bekämpfen die Kirche nicht als religiöse Heilsanstalt, sondern als
die der Bourgeoisie verbündete Herrschaftsorganisation.

Was aber ist das Ziel unseres Kampfes gegen die Kirche? Wollen
wir die Lehr- und Kultusfreiheit der Kirche beschränken, die Kirche unter die Kontrolle der von uns zu erobernden Staatsgewalt
setzen, die Organisation der Kirche verändern oder auflösen?
Nein! Als das Ziel unseres Kampfes gegen die Kirche bezeichnet
unser Programm die *Trennung von Kirche und Staat*.

4.2 Die Trennung von Kirche und Staat

DIE FORDERUNG NACH DER Trennung von Kirche und Staat ist
religiösen Ursprungs. In den ketzerischen Sekten frommer
Christen, die sich gegen die herrschende katholische Kirche er-
hoben, insbesondere in der großen revolutionären Bewegung der
Wiedertäufer vor 400 Jahren, ist diese Forderung zuerst aufge-
taucht. |

Nach der Lehre der Täufer soll die Kirche eine freiwillige Gemeinschaft wahrer, „wiedergeborener" Christen sein. Sie hat mit
der sündhaften Welt, in der die weltliche Obrigkeit Zucht hält,
nichts zu schaffen. In der Gemeinschaft der Christen gibt es keinen König als Christus und keinen Richter als die Heilige Schrift;
in weltlichen Dingen allein hat die Obrigkeit zu entscheiden. Denn
„mein Reich ist nicht von dieser Welt", sagt der Herr.

Die Lehre der Täufer drang von Deutschland über Holland nach
England ein. Dort wurde sie in der großen englischen Revolution
des 17. Jahrhunderts zur gewaltigen Macht. Das waren die Ge-
danken, die in dem Revolutionsheer des großen Cromwell lebten:
Religion ist Gewissenssache des einzelnen; keine weltliche Macht
darf sich anmaßen, das Gewissen des einzelnen zu beschweren,
indem sie ihn zur Unterwerfung unter religiöse Anschauungen
zwingt, die seiner persönlichen Überzeugung widersprechen. Der
wahre Christ steht in einem persönlichen Verhältnis zu seinem
Gott und er strebt nach persönlicher Heiligung; dieses Ziel kann
er nicht erreichen in einer Kirche, in die alle, Gerechte und Un-

gerechte, hineingeboren werden und die sich mit den äußeren Mitteln staatlichen Zwanges alle unterwirft, sondern nur in der freiwilligen Gemeinschaft gleichgesinnter wahrer Christen. Der Staat bescheide sich, die äußere Ordnung aufrechtzuerhalten; die Religion, tief innerste Sache des einzelnen, pflege die auf freiwilligem Zusammenschluß allein beruhende Kirche!

Die Forderung nach der vollständigen Trennung von Kirche und Staat war also ursprünglich nicht etwa die Forderung areligiöser Menschen, die die Religion zu erschüttern hofften, indem sie der Kirche den „weltlichen Arm" zur Erzwingung ihrer Gebote entziehen wollten. Ganz im Gegenteil! Die Forderung nach der Trennung von Kirche und Staat war die Forderung tief religiöser Menschen, die sich darob empörten, daß sich die Kirche Christi weltlichen Gewalten untertan geworden, in weltliche Händel verstrickt, damit beschied, mit weltlichen Waffen äußerliche Werkheiligkeit zu erzwingen, wo innerer Glaube fehlte; tief religiöser Menschen, die durch die Trennung der Kirche vom Staat nicht nur ihre eigene religiöse Freiheit gegen die kirchliche Zwangsgewalt zu begründen, sondern überhaupt ihr verinnerlichtes Christentum an die Stelle des veräußerlichten Kirchentums setzen zu können hofften.

Die tiefgläubigen Christen, die in den Wirren der britischen Religionskriege ihre Heimat verließen, um ihren Glauben zu retten, — Kongregationalisten, Baptisten, Quäker, — brachten die Forderung nach der Trennung von Kirche und Staat nach Amerika mit. Dort haben in der zweiten Hälfte des 17. Jahrhunderts der Baptist Roger Williams in Rhode-Island und der Quäker William Penn in Pennsylvanien Staaten begründet, in denen die Trennung der Kirche vom Staat zuerst verwirklicht wurde. Als die amerikanischen Kolonien von England abfielen, haben sie die Trennung von Kirche und Staat in die Bundesverfassung der neuen Vereinigten Staaten von Amerika aufgenommen. (1787.)

Seither überläßt es in den Vereinigten Staaten die Staatsgewalt den einzelnen, ihr religiöses Leben in Freiheit, ohne jede staatliche Regelung, zu organisieren. Die Kirchen und Religions-

gesellschaften leben als Vereine. Sie organisieren ihre Vermögenschaften und Anstalten als Stiftungen. Sie können in Freiheit
ihre Satzungen, ihr Kirchenrecht entwickeln, Kirchensteuern von
ihren Mitgliedern einheben, jeden, der dem kirchlichen Recht
Gehorsam versagt, aus ihrer Gemeinschaft ausschließen. Aber
der Staat regelt nicht die Zugehörigkeit zu den Gemeinschaften,
er setzt die Geltung ihres Kirchenrechtes nicht mit staatlichen
47 Mitteln durch, | er treibt Kirchensteuern nicht zwangsweise ein.
Die Zugehörigkeit zu einer Kirche oder Religionsgemeinschaft ist
eine für das staatliche Recht bedeutungslose Angelegenheit des
einzelnen Bürgers. Den Staat geht die Religion nichts an; er ist,
als Staat areligiös. Aber in den Einzelheiten des amerikanischen
Rechtssystems, insbesondere in der juristischen Konstruktion
der Kirchen und Religionsgemeinschaften im amerikanischen
Recht, lebt noch der dem Täufertum entstammende Kirchenbe-
griff des Kongregationalismus fort,[28] — ein lebendiges Zeugnis
dafür, daß der areligiöse Staat in Nordamerika das Resultat einer
großen religiösen Bewegung ist.

Der areligiöse Staat hebt die Religion seiner Bürger nicht auf,
er macht die Religion nur zu ihrer Privatsache, um die sich der
Staat nicht kümmert. Die Kirchen sind im areligiösen Staat keine staatlich reglementierten und privilegierten Körperschaften
mehr; aber sind sie getrennt vom Staat, so bleiben sie doch Mächte in der Gesellschaft. Die Trennung von Kirche und Staat tastet
Religion und Kirche nicht an, aber sie befreit die Kirche von jeder
Reglementierung durch die staatliche Obrigkeit und die individuelle Religion von allen Zwangsmitteln der kirchlichen Obrigkeit.
Die Trennung von Kirche und Staat war in den Vereinigten Staaten nicht ein Sieg des Unglaubens über die Religion, sondern der
Sieg des religiösen Individualismus, der sich gegen jede Verge-
waltigung des Gewissens auflehnte, über die staatliche und die
kirchliche Zwangsgewalt.

Aber war die Forderung nach der Trennung von Kirche und
Staat ursprünglich von religiösen Bewegungen getragen, waren

---

[28] Rothenbücher: Die Trennung von Staat und Kirche. München 1908. Seite 147.

es religiöse Bewegungen, die diese Forderung in den Vereinigten
Staaten schließlich verwirklicht haben, so war diese Forderung
schon lange vor ihrem schließlichen Siege in den Vereinigten
Staaten in die bürgerlich-liberale Aufklärungsphilosophie übergegangen. Und hier, in den Gedankengängen der Aufklärer geriet
diese Forderung in neue Zusammenhänge. Gegner der historischen Religionen, betrachteten die Denker der Aufklärungsphilosophie die Trennung von Kirche und Staat als ein Mittel, der
Kirche den „weltlichen Arm", die Unterstützung des Staates, zu
entziehen, dadurch ihre Macht über die Massen zu schwächen
und damit die Religion selbst zu treffen, der Aufklärungsphilosophie ihre Aufgabe, die Massen von der traditionellen Religion
loszureißen, zu erleichtern. Dieselbe Forderung, die die christlichen Puritaner in Amerika gestellt und zum Siege geführt haben
aus religiösem Bedürfnis, war der liberalen Aufklärung in Europa
ein Kampfmittel gegen die Religion.

Aber gerade weil diese Forderung dem areligiösen Liberalismus
nicht, wie dem Puritanismus, eine Forderung religiösen Gewissens, sondern ein bloßes Mittel seines Kampfes gegen Kirche
und Religion war, hat er diese Forderung niemals konsequent
verfochten. In der ganzen Geschichte seiner Kämpfe gegen die
Kirche hat der bürgerliche Liberalismus immer geschwankt, ob
er die Kirche durch ihre Trennung vom Staat oder ob er sie durch
staatliche Reglementierung entwaffnen könne und solle.

Die Französische Revolution hat zunächst keineswegs die Trennung von Kirche und Staat angestrebt. Im Gegenteil! Sie hat 1789
die Kirchengüter verkauft und die Priester in vom Staate besol-
dete Beamte verwandelt, um eine dem Staat dienstbare Natio-
nalkirche zu organisieren. Sie hat die Kirche in ein Instrument
des neuen bürgerlichen Staates zu verwandeln versucht, wie der
Absolutismus sie in sein Instru- | ment verwandelt hatte. Erst als 48
dieser Versuch an dem Widerstand des Klerus scheiterte, der die
Revolution zu immer schärferen Verfolgungsmaßregeln gegen
die Kirche zwang, erst als dadurch die staatlich reglementier-
te Kirche in vollständige Auflösung geriet, entschloß sich die

Revolution zur Trennung von Kirche und Staat,— aber zu einer
Trennung, die, im Kampfe gegen die Kirche vollzogen, mit Polizeimaßregeln und Ausnahmegesetzen gegen die Kirche verbunden
war, also keineswegs jene vollkommene Freiheit eines vom Staat
nicht reglementierten kirchlichen Lebens verwirklicht hat, die
die amerikanische Trennungsgesetzgebung wenige Jahre vorher
verwirklicht hatte.

Dieselben Schwankungen, die wir schon in der Großen französischen Revolution beobachten können, wiederholen sich in der
Geschichte des Liberalismus im 19. Jahrhundert.

Der großbürgerliche Liberalismus suchte den Staat auf die
„Wahrung des Friedens im Innern und nach außen" zu beschränken, den ganzen ökonomischen und geistigen Lebensprozeß dem
„freien Spiel der Kräfte", der „freien Konkurrenz", der vom Staat
nicht geregelten bürgerlichen Gesellschaft zu überantworten.
Er hat die Freiheit des Eigentums und des Arbeitsvertrages, die
Gewerbe- und Handelsfreiheit, die Freiheit des Wuchers proklamiert. Er hat die Glaubens- und Gewissensfreiheit proklamiert
und neigte dazu, aus der Glaubens- und Gewissensfreiheit die
letzte Konsequenz zu ziehen, auch das kirchliche Leben der staatlichen Sphäre zu entziehen und es der Sphäre der Gesellschaft zu
überantworten. „Die Ideen der Gewissens- und Religionsfreiheit",
sagt Marx, „sprachen nur die Herrschaft der freien Konkurrenz
auf dem Gebiete des Wissens aus".[29] Aber nur auf die schmale
Schicht der Großbourgeoisie gestützt, die Macht der Kirche über
breite Volksmassen fürchtend, glaubte der Liberalismus doch
immer wieder, der Polizeigewalt gegen die Kirche nicht entbehren zu können, und schreckte daher vor der letzten Konsequenz
seines eigenen Denkens immer wieder zurück.

Nur in den englischen Dominions, wo, ebenso wie in den Vereinigten Staaten von Amerika, die vielen auf der Grundlage des
englischen Protestantismus entstandenen Kirchen und Sekten
das Staatskirchensystem als ein Privileg der ihnen feindlichen
anglikanischen Kirche bekämpften, wo also, ebenso wie in den

---

[29] Marx-Engels: Das Kommunistische Manifest. Seite 28.

Vereinigten Staaten, mächtige religiöse Bedürfnisse nach der Trennung von Kirche und Staat drängten, hat der Liberalismus Kirche und Staat ähnlich wie in den Vereinigten Staaten getrennt. So in Australien, in Neuseeland, in der Kapkolonie.

In den katholischen Ländern dagegen, wo langwierige und leidenschaftliche Kämpfe des Liberalismus mit der Kirche schließlich mit der Trennung von Kirche und Staat geendet haben, so in Frankreich und in Mexiko, ist diese Trennung, im Kampfe gegen die Kirche erstritten, mit mannigfachen polizeilichen Beschränkungen der Freiheit der Kirche verknüpft worden.

In den meisten katholischen Ländern aber ist der Liberalismus vor der Trennung der Kirche vom Staat überhaupt zurückgeschreckt. Er hat es nicht gewagt, sie der Kirche aufzuzwingen. Und er hat zugleich selbst nicht darauf verzichten wollen, sich erforderlichenfalls der staatlichen Reglementierung als einer Waffe gegen die Kirche zu bedienen. So blieben die Kirchen öffentlich-rechtliche Verbände, die Zugehörigkeit zu ihnen wird durch staatliches Recht geregelt, der Staat besoldet die Priester, er verpflichtet die Schulkinder zum Religionsunterricht, er unterwirft anderseits die Kirche | in vielerlei Hinsicht staatlichen 49 Vorschriften. Wir finden solche Kompromißsysteme selbst in Staaten, die aus liberalen Revolutionen hervorgegangen sind, so in Belgien und in Italien.

Noch niedriger war die Rolle des Liberalismus in konstitutionellen Monarchien, in denen er nicht die Staatsmacht erobert, sondern nur bescheidenen Anteil an der Staatsmacht errungen hat. So in Deutschland. Der Kampf, den Bismarck in den siebziger Jahren gegen die katholische Kirche geführt und den der liberale Gelehrte Virchow den „Kulturkampf" getauft hat, hat diesen Namen nicht verdient. Bismarck wollte die katholische Kirche dem junkerlichen Polizeistaat unterwerfen; seine Politik nahm das alte Streben des Absolutismus wieder auf, sich die Kirche dienstbar zu machen. Als sich der Liberalismus an die Seite Bismarcks stellte, warf sich die Bourgeoisie ihrem historischen Feinde, dem junkerlichen Obrigkeitsstaat, in die Arme, in der, wie die Erfahrung gelehrt hat, trügerischen Hoffnung, dadurch ihren anderen historischen Feind, die Kirche, zu schwächen.

Während im protestantischen Preußen der Liberalismus die Ausnahmegesetze und Polizeimaßnahmen der Dynastie und des Junkertums gegen die katholische Kirche unterstützte, hatte der österreichische Liberalismus in seinem Kampfe gegen die Kirche die Dynastie und den Feudaladel gegen sich; hier trug also der „Kulturkampf" immerhin anderen Charakter. Aber auch in Österreich war doch das Ideal der liberalen Großbürger und Bürokraten nicht die Trennung von Staat und Kirche, sondern der „Josefinismus", das heißt die absolutistische Unterordnung der Kirche unter den Staat.

Aber wenn der Liberalismus die letzte Konsequenz seines eigenen Prinzips, des Prinzips der Glaubens- und Gewissensfreiheit, außerhalb der angelsächsischen Länder nirgends gezogen, wenn er in den meisten Ländern die Trennung von Kirche und Staat nicht angestrebt, in den wenigen Ländern aber, in denen er sie durchgeführt hat, sie mit ihr wesensfremden, sie verfälschenden Polizeimaßregeln verknüpft hat, so setzte in einigen Ländern eine andere gesellschaftliche Macht die Forderung nach der reinlichen und vollständigen Trennung von Kirche und Staat durch. Diese Macht war — die katholische Kirche!

Als in Frankreich nach der Großen Revolution das Staatskirchensystem des Absolutismus wiedererstanden war, das die Kirche der Staatsgewalt völlig unterordnete, tauchte unter den französischen Katholiken der Gedanke auf, nur durch die vollständige Trennung der Kirche vom Staat könne die Kirche ihre Freiheit wieder erlangen. In der Zeit der liberalen Julirevolution begründete Lamennais den „liberalen Katholizismus". Die Kirche hat diese Lehre verdammt. Sie hat, wo sie die privilegierte Staatskirche war, die Trennungsforderung mit Einsatz ihrer ganzen Macht bekämpft. Wo aber das Staatskirchensystem protestantische Kirchen privilegierte, dort hat die katholische Kirche tatsächlich im Sinne des von ihr verdammten „liberalen Katholizismus" gehandelt.

In dem katholischen Irland war die anglikanische Kirche die Staatskirche gewesen. Als dieser Zustand unhaltbar geworden war, bot die englische Regierung den irischen Katholiken an, sie wolle der katholischen Kirche gleiche Privilegien gewähren wie der anglikanischen, die katholischen Bistümer ebenso aus Staatsmitteln erhalten wie die anglikanischen. Die irischen Katholiken lehnten dies ab; sie wollten nicht von der englischen Regierung abhängig werden. Sie zogen die vollständige Trennung von Kirche und Staat vor und setzten sie 1869 durch. | 50

Im Kanton Genf war die kalvinische Kirche die Staatskirche. Die Katholiken, allmählich zur Mehrheit der Bevölkerung geworden, lehnten sich gegen die Privilegien der kalvinischen Kirche auf. Um sie zu brechen, traten die Katholiken für die vollständige Trennung von Staat und Kirche ein. Im Jahre 1907 haben Katholiken, bürgerliche Radikale und Sozialdemokraten gemeinsam das Trennungsgesetz in der Volksabstimmung durchgesetzt. Hier, wo die Katholiken selbst die Trennung forderten, ist sie natürlich rein, in ihrer klassischen Form, ohne kirchenfeindliche Polizeimaßregeln durchgeführt worden.

In Österreich glauben viele, die Trennung der Kirche vom Staat sei die Forderung von Glaubenslosen, die die Kirche auflösen, die Religion ausrotten wollen. Die Geschichte[30] lehrt es uns anders. Die Trennung von Kirche und Staat ist am reinsten und vollkommensten verwirklicht worden, wo mächtige religiöse Strömungen nach ihr drängten; so in den Vereinigten Staaten, in den britischen Dominions, in Genf. Und überall, wo die Kirchentrennung vollzogen ist, führt die Kirche, vom Staate getrennt, in der Gesellschaft ein intensives und mächtiges Leben fort.

4.3 Die Sozialdemokratie und die Trennung von Staat und Kirche

IN DER HABSBURGERMONARCHIE übte der Kaiser alte wichtige Rechte gegenüber der Kirche aus. Als Nachfolger der römischen Kaiser deutscher Nation hatte er das *jus exclusivae*, das

---

[30] Über die Geschichte der Trennung von Kirche und Staat siehe das oben genannte Buch Rothenbüchers!

Recht, bei der Wahl des Papstes einen Kandidaten zu bezeichnen, der nicht gewählt werden dürfe. Als Nachfolger der Landesfürsten hatte er das Recht der Bestätigung der Wahl der Bischöfe und der Vorstände von Ordensgemeinden und Stiften. Die Verwaltung des Kirchenvermögens stand unter staatlicher Kontrolle.

Den Leistungen des Staates an die Kirche stand die große Macht des Staates über die Kirche gegenüber.

Die Revolution von 1918 hat diesen Gegenseitigkeitszustand tatsächlich aufgehoben.

Nach der Auffassung mancher Kirchenrechtslehrer waren die Rechte, die der Kaiser gegenüber der Kirche ausübte, persönliche Rechte des Kaisers, die auf den Bundespräsidenten und die Bundesregierung nicht übergegangen seien. Diese Auffassung widerspricht dem Rechte der Republik. Aber tatsächlich haben diese alten Rechte in der Republik nicht gleiche Bedeutung wie in der Monarchie. Das Kaisertum war seit Jahrhunderten gewohnt, zwar seine Untertanen der Kirche dienstbar zu machen, dafür aber sein Vormundschaftsrecht gegenüber der Kirche kraftvoll auszuüben. Die parlamentarischen Regierungen der Republik sind zu gleich kräftiger Ausübung dieser Rechten nicht fähig. Regieren die Klerikalen, so fühlen sie sich nicht als selbständige, dem Papsttum ebenbürtige, den Bischöfen übergeordnete Macht, sondern als Vollzugsorgane der Bischöfe. Werden einmal die Sozialdemokraten regieren, so werden sie sich nicht berufen fühlen, sich in die Wahl von Bischöfen einzumengen. Die Kirche ist also durch die Revolution von 1918 der alten Vormundschaft tatsächlich ledig geworden.

Trotzdem aber bestehen die großen Leistungen des Staates an die Kirche fort. Ja, sie sind sogar gerade in der Republik durch den Ausbau der Kongrua zu förmlichen Beamtengehalt noch
51 erweitert worden. |

In der Monarchie waren die Leistungen des Staates an die Kirche seine Gegenleistung für den Einfluß auf das Kirchenregiment, den die Kirche ihm hatte einräumen müssen. Jetzt ist dieser Einfluß verschwunden, aber die Gegenleistung des Staates geblieben und noch erweitert worden.

Die Kirche ist in Österreich jetzt vom Einfluß des Staates fast so frei wie in Ländern, in denen Staat und Kirche getrennt sind, aber sie empfängt vom Staat trotzdem gleiche Leistungen wie in Ländern, in denen die Kirche ein Organ des Staates ist. Dieser innere Widerspruch macht das gegenwärtige Staatskirchensystem unhaltbar.

Die Scheidung der Gesellschaft in herrschende und beherrschte Klassen wiederholt sich in der Scheidung der Kirche in die herrschende Hierarchie — die Bischöfe, die Prälaten, den Klerus — und die beherrschten Laien.

Das in Österreich bestehende Staatskirchensystem erweitert die Macht der kirchlichen Hierarchie in zwiefacher Weise: es erstreckt einerseits den Machtbereich der Kirche über ihre Gläubigen hinaus auf Ungläubige und Andersgläubige; es befestigt anderseits innerhalb der Kirche die Macht der Hierarchie über die gläubigen Laien.

Der Staat verwendet die Erträgnisse von Steuern, die er nicht nur von Christen, sondern auch von Juden, nicht nur von Katholiken, sondern auch von Protestanten, nicht nur von Gläubigen, sondern auch von Freidenkern einhebt, dazu, den Klerus der katholischen Kirche auszubilden und zu besolden. Er verpflichtet nicht nur die Kinder der Katholiken, sondern auch die Kinder der Konfessionslosen zum Besuch des katholischen Religionsunterrichtes. Er unterwirft durch sein Gesetz nicht nur Katholiken, sondern auch Personen, die sich einer anderen Religionsgesellschaft angeschlossen haben oder konfessionslos geworden sind, dem Eherecht der katholischen Kirche.

Dieses Staatskirchenrecht widerstreitet dem Grundsatz der Glaubens- und Gewissensfreiheit. Es verpflichtet Menschen anderer Weltanschauung zu Leistungen an die katholische Kirche und unterwirft Menschen anderer Weltanschauung Geboten der katholischen Kirche.

Der Staat besoldet die Priester der katholischen Kirche; alle anderen Kirchen und Religionsgesellschaften müssen sich ihre Priester selbst besolden. Der Staat organisiert den katholischen, den protestantischen, den jüdischen Religionsunterricht an den öffentlichen Schulen; aber er erkennt Freidenkern und Freireligionen nicht das Recht zu, daß auch ihre Kinder an den öffentlichen Schulen in ihrer Weltanschauung unterwiesen werden. Der Staat regelt das Eherecht der Katholiken, der Protestanten, der Juden nach ihren religiösen Anschauungen; aber es fällt ihm nicht ein, das Eherecht der Freidenker im Geiste ihrer Weltanschauung zu regeln.

Dieses Staatskirchenrecht widerspricht dem Grundsatz der Gleichheit aller Staatsbürger vor dem Gesetz: es gibt der katholischen Kirche und, in schwächerem Ausmaße, einigen anderen „gesetzlich anerkannten" Religionsgesellschaften Rechte, die es den anderen Weltanschauungsgemeinschaften verweigert.

Die Trennung der Kirche vom Staat bedeutet zunächst die Herstellung der individuellen Glaubens- und Gewissensfreiheit. Sie gibt allen Staatsbürgern volle Freiheit, nach ihrer Überzeugung einer Kirche, Religionsgesellschaft, Weltanschauungsgemeinschaft anzugehören, ihre Priester und Lehrer auszubilden und zu besolden, ihre Kinder in ihrer Religion unterweisen zu lassen, ihre Ehen nach den Vorschriften ihrer Religion zu schließen und aufzulösen. Aber sie verpflichtet niemand, Steuern für die Zwecke einer Kirche zu leisten, der er nicht angehört, und Geboten einer Kirche zu gehorchen, die nicht die seine ist. |

52   Die Trennung von Kirche und Staat bedeutet zweitens die Herstellung der Rechtsgleichheit aller Staatsbürger. Sie gibt keiner Kirche, Religionsgesellschaft, Weltanschauungsgemeinschaft ein Recht, das sie nicht auch allen anderen Kirchen, Religionsgesellschaften, Weltanschauungsgemeinschaften zugestände.

Kämpft die Sozialdemokratie für die Trennung von Kirche und Staat, so kämpft sie für die Verwirklichung des liberalen Prinzips der Glaubens- und Gewissensfreiheit und des demokratischen Prinzips der Gleichberechtigung aller Staatsbürger. Sie kämpft in diesem Kampf nicht für eine spezifisch sozialdemokratische, sondern eine allgemein demokratische Forderung. Die proletarische Demokratie holt nach, was die bürgerliche Demokratie zu erkämpfen versäumt hat.

Das gegenwärtige Staatskirchensystem erstreckt die Macht der Kirche über die Reihen ihrer Gläubigen hinaus. Dadurch gerät es in Konflikt mit den Grundsätzen der Demokratie. Die Trennung von Kirche und Staat beschränkt den Machtkreis jeder Kirche auf diejenigen, die sich freiwillig zu ihr bekennen, ihr freiwillig steuern, ihre Kinder freiwillig in ihren Religionsunterricht schicken und sich ihren Geboten freiwillig unterwerfen; es beschränkt also ihren Machtkreis auf diejenigen, die ihr innerlich, durch ihren Glauben zugehören.

Aber zugleich verändert die Trennung von Kirche und Staat auch das Verhältnis zwischen der kirchlichen Hierarchie und den gläubigen Laien innerhalb der Kirche selbst.

In Ländern, in denen die Trennung von Kirche und Staat vollzogen ist, weiß jeder Bischof, jeder Priester: Wenn ich die Gefühle der gläubigen Laien verletze, dann zahlen sie mir nicht mehr die Kirchensteuer und schicken sie mir ihre Kinder nicht mehr in den Religionsunterricht.

In Österreich dagegen weiß jeder Pfarrer: Der Staat zahlt mir die Kongrua weiter, auch wenn meine Gemeinde mir grollt; der Staat zwingt die Katholiken, ihre Kinder in meinen Religionsunterricht zu schicken, auch wenn sie mit mir unzufrieden sind.

Werden Kirche und Staat getrennt, so wird die Hierarchie von der Denkweise und dem Fühlen der gläubigen Laien ungleich stärker abhängig als unter dem österreichischen Staatskirchenrecht.

Die Kirche ist eine religiöse Heilsanstalt. Aber die Kirche ist zugleich auch eine gesellschaftliche Macht, die in den Klassenkämpfen unserer Zeit zur Bundesgenossin der Bourgeoisie geworden ist. Der religiöse Arbeiter hängt an seiner Kirche als der religiösen Heilsanstalt; aber den religiösen Arbeiter zieht sein Klasseninteresse, sein Klassenbewußtsein zur Sozialdemokratie, die von der Kirche leidenschaftlich bekämpft wird. Der religiöse Arbeiter sucht und findet in der Kirche die Befriedigung seiner religiösen Bedürfnisse; aber der religiöse Arbeiter gerät in den Klassenkampf gegen die Bourgeoisie und sieht in diesem Kampfe die Kirche an der Seite der Bourgeoisie. So gerät der religiöse Arbeiter unvermeidlich in einen bedrückenden Gewissenskonflikt. Je mehr es uns gelingt, gläubige Arbeiter aus der Gefolgschaft der bürgerlichen Parteien herauszureißen und an uns zu ziehen, desto größer wird die Zahl der Menschen werden, die dieser Gewissenskonflikt bedrückt. Das Mittel, die religiösen Arbeiter von dieser Gewissenspein zu befreien, das ist — die Trennung der Kirche vom Staat!

Denn in Ländern, in denen Kirche und Staat getrennt sind, kann die Kirche nicht in gleicher Weise in die politischen und sozialen Kämpfe eingreifen wie in Österreich. Man beobachte, wie sich die Kirchen in den angelsächsischen Ländern zu politischen
53   und sozialen Kämpfen verhalten! Sie | hüten sich dort ängstlich, gegen die Arbeiter Partei zu ergreifen; denn täten sie das, so gerieten sie in Gefahr, daß die Arbeiter ihnen nicht mehr die Kirchensteuern bezahlen, nicht mehr ihre Kinder in den Religionsunterricht schicken. Sie sind vielmehr geneigt, sich der Sache der Arbeiter anzunehmen; dadurch hoffen sie, die proletarischen Massen der Kirche treu zu erhalten. Nicht nur protestantische Kirchen und Sekten, auch die katholische Kirche war dort sehr oft bemüht, der Masse der gläubigen Arbeiter zu beweisen, daß die Kirche in ihren sozialen Kämpfen an ihrer Seite steht. In den Vereinigten Staaten von Amerika haben katholische Geistliche, wie Mac Glynn, Mac Grady, Hagerty, eifrig in der Sozialistischen Partei und für die Sozialistische Partei gewirkt.[31]

Man trenne in Österreich Kirche und Staat, so wird man es auch hierzulande erleben, daß die Kirche ihr Verhalten zur Arbeiterbewegung, zu den Gewerkschaften, zum Sozialismus wird wesentlich ändern müssen, um ihre gläubigen Laien nicht von sich zu stoßen!

Die Macht der Kirche erhält heute die religiösen Proletarier in der Gefolgschaft der Partei, durch die die Bourgeoisie herrscht. Wir wollen der Bourgeoisie diese Stütze ihrer Herrschaft entzie-

---

[31] Kautsky: Die Sozialdemokratie und die katholische Kirche. „Neue Zeit". XXI. 1. Seite 9.

hen. Dazu ist zweierlei notwendig. Wir müssen zunächst durch strenges Festhalten an dem Grundsatz, die Religion als Privatsache zu behandeln, möglichst viele gläubige Proletarier für die Partei der Arbeiterklasse gewinnen. Wir müssen zweitens die Trennung der Kirche vom Staat durchsetzen. Was wird die Wirkung sein, wenn uns beides gelingt? Die Kirche wird wissen, daß viele von ihren Gläubigen Sozialdemokraten sind. Der Klerus, nicht mehr aus Steuergeldern besoldet, wird wissen, daß die gläubigen Sozialdemokraten keine Kirchensteuern bezahlen und ihre Kinder nicht in den Religionsunterricht schicken werden, wenn sich die Kirche in schroffen Gegensatz gegen ihre Klasseninteressen und Klassenideale setzt. Die Kirche wird daher zu neutralerem Verhalten gegenüber den politischen und sozialen Kämpfen gezwungen sein.

Der feste Entschluß, die Religion in unserer Partei selbst als Privatsache des einzelnen zu behandeln, und die Forderung, daß auch der Staat die Religion als Privatsache behandle, stehen in engstem Zusammenhang. Denn sie dienen beide derselben Aufgabe: die Kirche in eine Lage zu bringen, in der sie gezwungen sein wird, in ihrem eigensten Interesse ihr Verhalten gegenüber den Klassenkämpfen unserer Zeit zu neutralisieren. Denn dazu wird die Kirche nur dann gezwungen sein, wenn einerseits, durch Behandlung der Religion als Privatsache, viele Gläubige der Sozialdemokratie gewonnen sein werden, wenn anderseits, durch Trennung der Kirche vom Staat, die Hierarchie in stärkere Abhängigkeit von den Gläubigen gebracht sein wird. Wir müssen beides vereinen, um die Entpolitisierung der Kirche zu erreichen.

Die Entpolitisierung der Kirche — das ist zunächst die Befreiung des gläubigen Proletariers von dem Gewissenskonflikt, in den ihn die Politik der Kirche bringt. Erst wenn die Kirche zu neutralerer Haltung gegenüber den Klassenkämpfen gezwungen sein wird, wird der gläubige Proletarier ohne Beschwerung seines Gewissens zugleich seiner Kirche treu bleiben und zugleich am Kampfe seiner Klasse teilnehmen können.

Erst wenn die Trennung der Kirche vom Staat die Kirche zur politischen Neutralität zwingen wird, wird daher das Ziel, das *ganze* Proletariat | in unseren Reihen zu vereinigen, erreicht werden können. Ist die Macht der politisierenden Kirche über ihre Gläubigen das Mittel, dessen sich die Bourgeoisie bedient, um proletarische Massen in ihrer Gefolgschaft zu erhalten, so wird durch die Entpolitisierung der Kirche der Bourgeoisie dieses Machtmittel entrissen.

Die Trennung von Kirche und Staat wird so in unserer geschichtlichen Situation zu einem Mittel der Entwaffnung der Bourgeoisie.

Die Trennung von Kirche und Staat ist zunächst ein Erfordernis der Glaubens- und Gewissensfreiheit und der Gleichberechtigung aller Staatsbürger; die Forderung nach der Trennung also nicht eine spezifisch proletarische, sondern eine allgemein demokratische Forderung. Aber wenn wir die Trennung der Kirche vom Staat als das Mittel erkennen, die Hierarchie in stärkere Abhängigkeit von den gläubigen Laien zu bringen; wenn wir verstehen, daß diese verstärkte Abhängigkeit die Hierarchie zwingen wird, sich den Kämpfen der Klassen gegenüber neutraler zu verhalten; wenn wir begreifen, daß diese politische Neutralisierung der Kirche die gläubigen Proletarier von dem Gewissenskonflikt zwischen ihrer religiösen Weltanschauung und ihren sozialen Interessen und Idealen befreien wird, der sie heute von uns fernhält, und damit erst die Vereinigung des ganzen Proletariats ermöglichen, der Bourgeoisie die Möglichkeit, ihre Herrschaft auf die Gefolgschaft gläubiger Proletarier zu stützen, nehmen wird, dann begreifen wir das besondere Interesse, das die Arbeiterklasse an der Verwirklichung der allgemeinen demokratischen Forderung nach der Trennung von Staat und Kirche hat. Erst damit wird uns daher der Kampf um die Trennung der Kirche vom Staat zu einem notwendigen Teil des Klassenkampfes des Proletariats, seines Kampfes um die Macht.

Betrachten wir aber die Trennung der Kirche vom Staat in diesem Zusammenhange, so müssen wir daraus auch folgern, in

welcher Weise die Sozialdemokratie die Trennung durchzuführen
haben wird. Die Trennung kann ja in ganz verschiedener Weise
vollzogen werden. Sie ist ganz anders verwirklicht in den Vereinigten Staaten, in den britischen Dominions, im Kanton Genf als
in Frankreich oder in Mexiko.

Als Bismarck mit Polizeimaßregeln und Ausnahmegesetzen
seinen „Kulturkampf" gegen die katholische Kirche führte, hat
die deutsche Sozialdemokratie richtig vorausgesehen, daß dieser
Kampf die katholischen Volksmassen nur zusammenschweißen,
die Macht des Klerikalismus nur stärken werde. Das war in der Tat
die einzige Wirkung des „Kulturkampfes". Wenn heute noch, ein
halbes Jahrhundert später, Hunderttausende deutscher Arbeiter
dem Zentrum und den christlichen Gewerkschaften Gefolgschaft
leisten, so ist das die Wirkung der Polizeimaßregeln Bismarcks
gegen die katholische Kirche. Darum hat die deutsche Sozialdemokratie schon in der Zeit des Kulturkampfes und seither immer
alle diese der Kirche feindlichen Maßregeln, wie das Jesuitenge-
setz und die Strafdrohungen gegen die kirchliche Propaganda,
scharf bekämpft. Seither ist es in deutschen Landen eine feste
Tradition der Sozialdemokratie: Nicht Unterwerfung der Kirche
unter die Staatsgewalt, sondern vollkommene Unabhängigkeit
der Kirche von der Staatsgewalt und der Staatsgewalt von der Kirche! Keine Polizeimaßregeln und keine Ausnahmegesetze gegen
die Kirche, sondern reinliche Trennung der Kirche vom Staat!

Wir können in Österreich die Kraft, die Trennung von Kirche und Staat durchzusetzen, nur erlangen, wenn wir einen Teil
der gläubigen Proletarier für diese Forderung gewinnen. Das ist
durchaus möglich, wenn wir die gläubigen Proletarier überzeu-
gen, daß die Trennung von | Kirche und Staat die Freiheit des   55
einzelnen, nach seiner Überzeugung zu leben, und die Freiheit jeder Kirche und Religionsgesellschaft, nach ihrer Überzeugung zu
wirken, nicht beeinträchtigen, sondern erst verwirklichen wird.
Niemals aber könnten wir gläubige Proletarier für diese Forderung gewinnen, wenn wir sie mit irgendwelchen gegen die Kirche
gerichteten Polizeimaßregeln und Ausnahmegesetzen verknüp-

fen wollten, die das religiöse Empfinden der gläubigen Massen verletzen würden.

Die Trennung von Kirche und Staat ist uns gerade darum wichtig, weil sie die Kirche zu neutralerem Verhalten gegenüber den Klassenkämpfen zwingen und es uns dadurch erst ermöglichen wird, das ganze Proletariat ohne Unterschied seiner religiösen Überzeugung gegen die Bourgeoisie zu vereinigen. Wollten wir aber die Trennung mit kirchenfeindlichen Ausnahmegesetzen verknüpfen, dann würde sie diesen Zweck nicht erreichen. Solche Maßnahmen würden die gläubigen Massen uns nicht gewinnen, sondern in leidenschaftliche Gegnerschaft gegen uns setzen.

Wir werden die Trennung der Kirche vom Staat erst durchsetzen können, wenn wir die Staatsmacht erobert haben werden. Aber nach der Eroberung der Staatsmacht werden wir vor allem an die Lösung unserer großen wirtschaftlichen, unserer sozialen Aufgaben schreiten müssen. Unsere wirtschaftlichen und sozialen Maßnahmen werden die Bourgeoisie in rasende Wut versetzen. Es wäre Selbstmord, in einem solchen Augenblick die religiösen Empfindungen der gläubigen Proletarier zu verletzen und sie dadurch der rebellierenden Bourgeoisie in die Arme zu treiben.

Wir werden daher die Trennung der Kirche vom Staat zu verwirklichen haben, wie sie in den Vereinigten Staaten, in den britischen Dominions, in Genf verwirklicht ist, sie aber nicht, wie in Frankreich und in Mexiko, mit irgendwelchen Verfolgungsmaßregeln gegen die Kirche verknüpfen. Das kirchliche Leben wird vom Staat völlig getrennt; aber die Kirche behält ihre volle Freiheit in der Gesellschaft.

So sagt unser Linzer Programm:

> Die Sozialdemokratie bekämpft das geltende Staatskirchenrecht. Sie fordert eine Regelung des Verhältnisses zwischen Staat und Kirche, welche jeder *Kirche* und Religionsgesellschaft das Recht sichert, *nach ihrem Glauben zu lehren und zu wirken*, jedem *einzelnen* das Recht, *nach der Lehre seiner Kirche oder Religions-*

gemeinschaft zu leben, welche aber nicht zuläßt, daß der Staat die Staatsbürger zu wirtschaftlichen Leistungen an die Kirche, zur Teilnahme am kirchlichen Religionsunterricht und kirchlichen Kulthandlungen und zur Unterwerfung unter kirchliche Gebote *zwingt.*

Die Sozialdemokratie fordert daher die *Trennung von Staat und Kirche* nach folgenden Grundsätzen:

Alle *Weltanschauungen* (Religionen, philosophische und wissenschaftliche Bekenntnisse aller Art) sind vor dem Gesetze gleichberechtigt.

Jedermann hat das Recht, über seine Zugehörigkeit zu einer *Weltanschauungsgemeinschaft* (Kirche, Religionsgesellschaft, freireligiöse oder areligiöse Weltanschauungsgemeinschaft) frei zu entscheiden; über Kinder bis zum vierzehnten Lebensjahr entscheiden die Eltern.

Alle Weltanschauungsgemeinschaften (Kirchen, Religionsgesellschaften usw.) sind *Körperschaften privaten Rechtes.* Sie ordnen und verwalten ihre Angelegenheiten selbst und verleihen ihre Ämter ohne Mitwirkung des Staates. Sie haben für die Kosten ihrer Verwaltung und Kultübung, für die Kosten des Weltanschauungsunterrichtes (Religionsunterrichtes) und der Heran- | bildung und Erhaltung von Seelsorgern und Religionslehrern selbst aufzukommen. Aufwendungen aus *öffentlichen Mitteln* für alle diese Zwecke sind *ausgeschlossen.*

Das gesamte *Unterrichts- und Erziehungswesen* ist weltlich. Doch bleibt es jeder Weltanschauungsgemeinschaft überlassen, außerhalb des Rahmens des allgemeinen Unterrichtes für *Weltanschauungsunterricht* (Religionsunterricht) und Kultübungen der Schuljugend zu sorgen. Über die Teilnahme von Kindern bis

56

zum vierzehnten Lebensjahr entscheiden die Eltern.
Die theologischen Fakultäten sind aus dem Verbande
der Universitäten auszuscheiden.

Einheitliches *Eherecht* für alle Staatsbürger ohne Unterschied des Bekenntnisses. Eheschließung vor staatlichen Behörden; doch bleibt es jedermann unbe-
nommen, sich nach der staatlichen Eheschließung
auch kirchlich trauen zu lassen. Die Ehehindernisse
der Religionsverschiedenheit und der Weihen und
Gelübde und die Untrennbarkeit der katholischen
Ehe haben dem Staate gegenüber keine Geltung. Ge-
setzliche Anerkennung der Dispensehen.

Führung der *Matriken* durch staatliche Behörden.

Unser Programm fordert zunächst die demokratische Gleichberechtigung aller Weltanschauungen und Weltanschauungsgemeinschaften. Jedes Recht, das der Staat der Kirche gewährt, muß
er auch den Freidenkern gewähren.

Will unser Programm der Kirche die Mittel entziehen, die sie
zur Besorgung ihrer Verwaltungsgeschäfte, zur Sicherung des
Kultus, der Seelsorge, des Religionsunterrichtes braucht? Kei-
neswegs! Es fordert nur, daß die Gläubigen den Aufwand ihrer
Weltanschauungsgemeinschaft selbst bestreiten, wie das Juden,
Protestanten, Freidenker schon heute tun müssen.

Will unser Programm den Gläubigen verwehren, ihre Kinder
in ihrer Religion zu unterweisen? Keineswegs! Es trennt nur die
allgemeine öffentliche Schule, zu deren Besuch alle Kinder verhalten werden, von dem Religionsunterricht. Alle Kirchen und
Religionsgesellschaften sollen volle Freiheit haben, außerhalb
der öffentlichen Schulen den Religionsunterricht für die Kinder
ihrer Gläubigen zu organisieren. Die Eltern sollen in voller Freiheit entscheiden, ob sie ihre Kinder in den Religionsunterricht
schicken oder nicht.

Will unser Programm die Gläubigen hindern, ihr Eheleben nach
den Geboten der Kirche zu führen? Keineswegs! Der gläubige Ka-
tholik wird volle Freiheit haben, seine Ehe vor seinem Pfarrer

zu schließen. Und wer sich an die Gebote der Kirche innerlich
gebunden fühlt, wird seine Ehe als untrennbare Lebensgemein-
schaft betrachten. Für den Staat aber ist die Ehe ein bürgerlicher
Vertrag. Er wird, wie das ja die meisten Kulturstaaten heute schon
tun, verlangen, daß dieser Vertrag von einem staatlichen Beamten registriert wird, und er wird, wie diese fast alle Kulturstaaten
tun, die Trennung der Ehe in denjenigen Fällen zulassen, in denen
kein gesellschaftliches Interesse dem widerstreitet.

Wir müssen übrigens diese Forderungen unseres Programms
im Zusammenhang mit seinem allgemeinen demokratischen Cha-
rakter sehen. In demokratischen Ländern, wo uneingeschränkte
Vereinsfreiheit, Versammlungsfreiheit, Preßfreiheit, Freiheit des
Wortes und der Schrift, der Wissenschaft und ihrer Lehre besteht,
kann die vom Staate getrennte Kirche alle diese demokratischen
Freiheitsrechte für ihre Zwecke ausnützen und darum außerhalb
des Staates ihr Wirken frei organisieren. Anders ist es, wo eine
Diktatur die demokratischen Freiheitsrechte aufhebt. Auch die
Sowjetdiktatur hat die Kirche vom Staate getrennt. Aber in der
Sowjetunion sind alle jene demokratischen Freiheitsrechte auf-
gehoben. Dort ist | daher nur die negative Seite der Trennung 57
der Kirche vom Staate verwirklicht: das Ausscheiden der Kirche
aus der staatlichen Sphäre, nicht ihre positive Seite: die volle
Freiheit des kirchlichen Lebens in der Gesellschaft. Nicht so faßt
unser Programm die Trennung auf. Denn indem es erklärt, daß
die Arbeiterklasse „die Staatsmacht in den Formen der Demokratie und unter allen Bürgschaften der Demokratie ausüben" wird,
sichert es, wie jeder anderen Organisation, auch der Kirche den
vollen Genuß all der demokratischen Freiheitsrechte zu, die es
ihr ermöglichen, ihr Leben außerhalb des Staates und ohne Hilfe
des Staates so frei zu organisieren, wie sie das in den Vereinigten
Staaten, in den britischen Dominions, in Genf tut.

Die Trennung der Kirche vom Staate, wie unser Programm sie
fordert, es ist dieselbe, die zuerst die frommen, christgläubigen
Täufer vor vierhundert Jahren gefordert, die die christgläubigen
Kongretationalisten, Baptisten, Quäker in den Vereinigten Staa-

ten und in den britischen Dominions, die zuletzt die Katholiken in Genf durchgesetzt haben. Die Trennung der Kirche vom Staate in dieser Weise ist also keine der Religion, keine dem Christentum feindliche Forderung.

In Österreich bekämpft trotzdem die Kirche diese Forderung. Aber sie bekämpft sie nicht deshalb, weil diese Forderung antireligiös, antichristlich wäre, sondern deshalb, weil diese Forderung die Macht der kirchlichen Hierarchie nicht nur gegenüber den Kirchenfremden, sondern auch gegenüber den gläubigen Laien der Kirche selbst schwächen würde. Gerade deshalb aber fordern wir die Trennung der Kirche vom Staate. Denn die Trennung ist uns nicht ein Kampfmittel gegen die Religion. Aber sie ist uns das Kampfmittel gegen den Mißbrauch der Religiosität der gläubigen Laien für die weltlichen Herrschaftsinteressen der mit der Bourgeoisie verbündeten kirchlichen Hierarchie.

4.4 Konfiskation der Kirchengüter?

DIE MACHT DER kirchlichen Hierarchie beruht freilich nicht nur auf den Privilegien, die das bestehende Staatskirchensystem ihr verleiht, sie beruht auch auf ihrem ausgedehnten Grundbesitz.

In den Jahrhunderten des Überganges von der feudalen zur kapitalistischen Gesellschaftsordnung hat die Staatsgewalt immer wieder nach dem Grundbesitz der Kirche gegriffen. In größtem Maße hat in der Zeit der Reformation der Absolutismus die Kirche enteignet. Marx schildert den Vorgang in England: „Einen neuen furchtbaren Anstoß erhielt die gewaltsame Enteignung der Volksmasse im 16. Jahrhundert durch die Reformation und, in ihrem Gefolge, den kolossalen Diebstahl der Kirchengüter. Die katholische Kirche war zur Zeit der Reformation Feudaleigentümerin eines großen Teiles des englischen Grund und Bodens. Die Unterdrückung der Klöster usw. schleuderte deren Einwohner ins Proletariat. Die Kirchengüter selbst wurden großenteils an raubsüchtige königliche Günstlinge verschenkt oder zu einem Spottpreis an spekulierende Pächter und Stadtbürger verkauft, welche die alten erblichen Untersassen massenhaft verjagten und ihre Wirtschaften zusammenwarfen."[32] Bildung neuen kapitalistischen Reichtums auf der einen, Proletarisierung breiter Schichten der Bauernschaft auf der anderen Seite waren die Resultate dieser Konfiskation der Kirchengüter.

Dieselben Vorgänge wiederholte der Absolutismus später auch in katholischen Ländern. So unter Josef II. in Österreich. Die Güter der säkularisierten Klöster wurden „für einen Spottpreis erblich oder auf lange Zeit | hinaus in Pacht gegeben", ihr beweglicher Besitz wurde versteigert. „Das Ende war, daß der Rest im großen an die Jüdin Dobruschka, ihren Sohn Schönfeldt und an eine ganze Kompanie von Käufern losgeschlagen wurde."[33]

Die bürgerliche Revolution verfuhr nicht anders, als der Absolutismus verfahren hatte. Die Französische Revolution konfiszierte 1789 die Kirchengüter und schlug sie im großen gegen sich schnell entwertende Assignaten los. Sie gab damit die Gelegenheit zu skrupelloser Spekulation, zu großen Inflationsgewinnen, zur Entstehung neuen bürgerlichen und bäuerlichen Reichtums auf der Grundlage des zerschlagenen Kirchengutes.

Überall war die Konfiskation der Kirchengüter ein Mittel zur Bildung großer bürgerlicher Kapitalsvermögen und großen bürgerlichen Grundbesitzes — eine der Formen der ursprünglichen Akkumulation des Kapitals. Überall war sie zugleich ein tödlicher Schlag gegen die überlieferten feudalen Grundeigentumsverhältnisse. „Das Kircheneigentum", sagt Marx, „bildete das religiöse Bollwerk der altertümlichen Grundeigentumsverhältnisse. Mit seinem Fall waren sie nicht länger haltbar."[34]

Anderseits haben sowohl der Absolutismus als auch die Französische Revolution, sobald sie die Kirchengüter konfisziert hatten, den Priestern zum Ersatz ihrer Einkünfte aus dem Kirchengut Gehalte aus der Staatskasse gewährt und sie damit in Beamte des Staates verwandelt. Zweck und Wirkung der Konfiskation

---

[32] Marx: Das Kapital. I. Seite 652.

[33] Mitrosanow: Josef II. Wien 1910. Seite 693 f.

[34] Marx: Das Kapital. I. Seite 653.

der Kirchengüter war nicht die Trennung der Kirche vom Staat, sondern die Verwandlung der Kirche in ein Machtinstrument des Staates.

Die Bourgeoisie ist überall für die Enteignung der „Toten Hand" eingetreten, solange sie im Kampfe gegen die feudale Grundeigentumsordnung stand. Seitdem die Bourgeoisie bereits ihre bürgerliche Eigentumsordnung gegen den Ansturm des Sozialismus zu verteidigen hat, hat sie diesen Kampf aufgegeben. Selbst schon vor ihrer Enteignung zitternd, stimmt sie keine Enteignung mehr zu. Nunmehr erhebt sich die Arbeiterklasse gegen den kirchlichen Großgrundbesitz.

Solange die Kirche große Güter und Forste besitzt, verknüpft ein enges Band der Solidarität die kirchliche Hierarchie mit den anderen Großgrundbesitzern. Ihr großer Besitz macht die Kirche zur Bundesgenossin der Bourgeoisie, zu deren bloßer Fraktion die Grundherrenklasse geworden ist. Erst durch die Enteignung des kirchlichen Grundbesitzes können wir das Band der Interessensolidarität, das die kirchliche Hierarchie mit der Bourgeoisie verknüpft, zerreißen. Erst wenn die Kirche kein großer Grundbesitzer mehr sein wird, wird die Allianz zwischen der Hierarchie und der Bourgeoisie vollends zersprengt, wird dadurch der Bourgeoisie die Möglichkeit, mittels der Kirche gläubige proletarische Massen in ihrer Gefolgschaft zu erhalten, genommen sein.

Aber können wir, sollen wir darum die alte bürgerliche Forderung der Enteignung der Toten Hand übernehmen?

Sollen wir die Kirchengüter konfiszieren, aber den Rothschild und Guttmann, den Liechtenstein und Eszterházy ihren Grundbesitz lassen?

Die gläubigen Massen des proletarischen Landvolkes werden mit uns sein, wenn wir jeden Großgrundbesitz enteignen, wem immer er gehört. Denn das entspricht den Interessen des proletarischen Landvolkes. Die gläubigen Massen des proletarischen
59 Landvolkes würden an ihren religiösen Gefühlen | schwer verletzt und daher erst recht dem Klerikalismus in die Arme gejagt, wenn wir den Grundbesitz der Kirche enteignen, aber den in der Regel

viel weniger konservativ, nach viel reiner kapitalistischen, viel brutaler kapitalistischen Grundsätzen bewirtschafteten privaten Großgrundbesitz schonen wollten.

Darum fordert unser Linzer Programm nicht die Konfiskation der Kirchengüter. Es fordert vielmehr, daß der gesamte Großgrundbesitz, der Großgrundbesitz der Aristokraten und der Kapitalisten mit dem der Kirche gleichzeitig enteignet werde.

Der Absolutismus und die bürgerliche Revolution haben die Kirchengüter konfisziert, um aus den Trümmern des feudalen Reichtums der Kirche neuen kapitalistischen Reichtum hervorgehen zu lassen. Wir dagegen wollen sowohl den kirchlichen als den kapitalistischen Reichtum enteignen, nicht um neuen Privatbesitz entstehen zu lassen, sondern um beide in den Gemeinbesitz des ganzen Volkes zu überführen.

So fordert unser Linzer Programm:

> Der private und der kirchliche forst- und landwirtschaftliche Großgrundbesitz ... ist in das Eigentum des Gemeinwesens zu überführen.[35]

Der Absolutismus und die bürgerliche Revolution haben der Kirche ihr Vermögen genommen, um die Priester in Staatsbeamte zu verwandeln. Die Sozialdemokratie dagegen will die Kirche nicht in ein Organ des Staates verwandeln, sondern vom Staate trennen. Konfiskation der Kirchengüter und Besoldung der Priester durch den Staat — das war das Mittel, die Kirche in Abhängigkeit von der Staatsgewalt zu bringen; Enteignung des Großgrundbesitzes und Trennung der Kirche vom Staate — das ist das Mittel, die Hierarchie in volle Abhängigkeit zu bringen von der breiten Masse der gläubigen Arbeiter und Kleinbauern und sie dadurch politisch und sozial zu neutralisieren.

Die Trennung der Kirche vom Staate hat an sich mit der Enteignung der Kirchengüter nichts zu schaffen. In den angelsäch-

---

[35] Wie das Gemeinwesen diesen Grundbesitz verwenden soll, ist unserem Agrarprogramm näher dargestellt. Darüber siehe Otto Bauer: Sozialdemokratische Agrarpolitik. Wien 1926. Seite 147 bis 170.

sischen Ländern ist die Trennung der Kirche vom Staate durchgeführt worden, ohne daß das Eigentum der Kirchen angetastet
worden wäre; der Staat hat dort den Kirchen vielmehr volle Freiheit gegeben, ihr Eigentum frei als Körperschafts- oder als Stif-
tungsvermögen zu verwalten. Wir werden wahrscheinlich die
Trennung der Kirche vom Staate früher durchsetzen können als
die Enteignung des gesamten Großgrundbesitzes. Die Trennung
der Kirche vom Staate nimmt der Kirche nicht ihr Eigentum, sie
gibt ihr vielmehr erst die Freiheit der Verfügung über ihr Eigentum, die sie unter dem geltenden Staatskirchenrecht entbehrt.
Sobald wir aber stark genug geworden sein werden, den gesamten
Großgrundbesitz zu vergesellschaften, wird mit dem kapitalistischen Großgrundbesitz auch der kirchliche in das Eigentum der
Volksgesamtheit übergehen.

4.5 Der Weg zur Freiheit

DIE BÜRGERLICHE DEMOKRATIE betrachtete die Trennung der
Kirche vom Staat als das letzte Ziel des Kampfes um die
Glaubens- und Gewissensfreiheit. Sind Staat und Kirche getrennt,
sind Religion und Kirchenwesen völlig in die private Lebenssphä-
60 re der Individuen gewiesen, von keinerlei | staatlichen Normen
mehr reglementiert, dann gebe es keinen Zwang in Gewissens-
fragen mehr, dann seien die Gewissen wirklich frei geworden.

Aber wenn der Staat keinen Zwang mehr auf die Gewissen
übt, übt darum auch die Gesellschaft keinen? Die Klassengesellschaft erhält breite Massen im Zustande der Unterwürfigkeit und
der Unwissenheit; sie bilden sich ihre Weltanschauung nicht in
Freiheit, sondern im blinden Glauben an die überlieferten Au-
toritäten der Klassengesellschaft. Der Kapitalismus erhält das
Proletariat in dem Zustande ständiger Angst um Arbeit und Brot;
nicht in Freiheit, sondern in Angst vor übermächtigen gesellschaftlichen Gewalten formen sich die Proletarier ihr Weltbild.

Die Trennung von Kirche und Staat befreit die Gewissen nur
vom staatlichen Zwang, nicht von dem Druck der gesellschaftlichen Lebensbedingungen. Sie ist ein wichtiger Schritt zur Gewis-

sensfreiheit, aber nicht ihre Verwirklichung. Die wahre Gewissensfreiheit wird für das ganze Volk erst in der sozialistischen Gesellschaftsordnung verwirklicht sein.

Gläubige Menschen fürchten, manche Freidenker hoffen, die Trennung der Kirche vom Staat werde die Religion erschüttern. Die Furcht der einen ist ebenso unberechtigt wie die Hoffnung der anderen. Wer innerlich von der Kirche schon vollständig abgefallen ist, mag sich auch äußerlich von ihr trennen, wenn die Zugehörigkeit zur Kirche erst die Zahlung von Kirchensteuern voraussetzt. Wer aber innerlich gläubig ist, wird, — das beweist die Erfahrung aller Länder, in denen die Trennung vollzogen ist, — auch nach der Trennung der Kirche vom Staat seiner Religion und seiner Kirche treu bleiben.

Die Verweisung der Religion aus der staatlichen in die private Sphäre erschüttert also keineswegs die Religiosität der Volksmassen. „Die überwiegende Mehrzahl", sagt Marx, „hört dadurch nicht auf, religiös zu sein, daß sie privatim religiös ist." Was bedeutete die Trennung überall, wo sie durchgeführt wurde? „Der Mensch wurde nicht von der Religion befreit, er erhielt die Religionsfreiheit",[36] sagt Marx.

Die Trennung des Staates von der Kirche läßt die religiösen Anschauungen der Menschen unangetastet. Erst die Umwälzung der wirtschaftlichen, der sozialen Lebensbedingungen der Menschen wird sie zur Umwälzung ihrer religiösen Anschauungen befähigen.

Die Trennung von Kirche und Staat gibt den Menschen nur die Freiheit aller Weltanschauungen. Erst die sozialistische Gesellschaftsordnung befähigt sie, sich zu einer freier Kulturmenschen würdigen Weltanschauung durchzuringen.

„Die Grenze der politischen Emanzipation", sagt Marx, „erscheint darin, daß der Staat sich von einer Schranke befreien kann, ohne daß der Mensch wirklich von ihr frei wäre, daß der Staat ein Freistaat sein kann, ohne daß der Mensch ein freier

---

[36] Marx: Zur Judenfrage. „Nachlaß". I. Seite 406, 422.

Mensch wäre".[37] Die politische Emanzipation des Volkes hat den
Staat zum demokratischen, republikanischen Freistaat gemacht;
aber sie läßt die Menschen in der Lohnknechtschaft weiterleben.
Erst die soziale Emanzipation, erst der Sozialismus verwandelt
die Lohnsklaven in freie Menschen. Die Trennung von Kirche
und Staat, nur ein Teil der politischen Emanzipation, befreit den
Staat von der Kirche, nicht die Menschen vom Bann mächtiger
religiöser Traditionen. Erst die soziale Emanzipation, erst der
Sozialismus wird alle Menschen zu freier Neugestaltung ihrer
61 Weltanschauung und ihrer Lebensführung fähig machen. |

Unser Linzer Programm fordert die Trennung von Kirche und
Staat nicht als eine religionsfeindliche Maßregel, sondern als eine
notwendige Konsequenz der Demokratie und als ein notwendiges
Mittel im Kampfe gegen die Bourgeoisie. Nicht die Trennung der
Kirche vom Staate, sondern erst die sozialistische Gesellschaftsordnung wird, nach den Worten des Programms, jeden einzelnen
befähigen, „seine Weltanschauung in voller Freiheit in Einklang
zu bringen mit den Ergebnissen der Wissenschaft und mit der
sittlichen Würde eines freien Volkes".

So überblicken wir nunmehr den ganzen Weg zur Freiheit,
den unser Programm uns weist. Unser Programm geht von der
Erkenntnis aus, daß die Bourgeoisie in der demokratischen Republik nur darum herrschen kann, weil die Macht der Kirche über
ihre Gläubigen breite proletarische Masen in der Gefolgschaft der
Partei der Bourgeoisie erhält. Diese Massen zu uns zu ziehen, ist
die nächste Aufgabe. Wir können sie nur bewältigen, wenn wir innerhalb unserer Partei selbst *die Religion als Privatsache* behandeln.
Nur auf diese Weise werden wir stark genug werden, vorerst die
Trennung der Kirche vom Staate durchzusetzen. Dadurch wird die
gegen uns wirkende politische Macht der kirchlichen Hierarchie
geschwächt werden. So werden wir die Kraft erlangen, die *Enteignung des Großgrundbesitzes* durchzusetzen und damit auch die wirtschaftlichen Grundlagen der politischen Macht der kirchlichen
Hierarchie zerstören. Wir werden diese Reformen durchführen,

[37] Marx: Ebendort. Seite 406.

ohne die religiösen Anschauungen der gläubigen Volksmassen anzugreifen oder zu verletzen. Aber wir werden durch diese Reformen der Bourgeoisie ihr mächtigstes Herrschaftsinstrument entziehen. Mit der Entthronung der Bourgeoisie und mit der Enteignung des Großgrundbesitzes beginnt aber zugleich der Aufbau der *sozialistischen Wirtschaftsordnung*. In dem Maße, als er fortschreitet, wird er allen Menschen erst das Dasein freier Kulturmenschen sichern. Erst wenn alle Menschen das Leben freier Kulturmenschen führen, werden sie sich in voller Freiheit auch zur *Weltanschauung freier Kulturmenschen* durchringen.